원한을 넘어
해원으로

◉ 증산도상생문화총서 008

원한을 넘어 해원으로

초판발행 : 2010년 12월 10일

글쓴이 : 이윤재

펴낸이 : 안중건

펴낸곳 : 상생출판

주소 : 대전광역시 중구 선화동 289-1번지

전화 : 070-8644-3161

팩스 : 042-254-9308

E-mail : sangsaengbooks@sangsaengbooks.co.kr

출판등록 : 2005년 3월 11일(제175호)

배본 대행처 / 대원출판

ⓒ 2010 상생출판

가격은 뒤표지에 있습니다.

이 책에 수록된 자료의 저작권은 증산도상생문화연구소에 있습니다.

파본은 서점에서 교환해 드립니다.

ISBN 978-89-94295-16-9

ISBN 978-89-957399-1-4(세트)

원한을 넘어 해원으로

이윤재 지음

사람 사는 곳이라면 원한寃恨이 있다. 한으로 괴로워해 보지 않은 사람이 있을까. 성인聖人도 예외는 아닐 터이다. "나의 하나님, 나의 하나님, 어찌하여 나를 버리셨나이까?"(「마태」 27:46) 십자가에 못 박힌 예수, 그가 하늘을 우러러 울부짖은 마지막 말이다. 석가는 제자들에게 '자기 자신을 등불로 삼으라', '다시는 이 곳에 돌아오지 않으리라'는 비장한 유언을 남겼다. 그리하여 탐욕의 불길에 휩싸인 무상無常한 세상을 떠났다. 그토록 건져 살리려 했던 중생을 뒤로 한 채.

공자孔子의 말년 또한 한스러웠다. 부국강병책만을 좇는 당시 상황에서 공자의 이상이 실현될 리 없었다. 노년에 이른 그에게 불행이 잇따랐다. 아들 백어白魚가 죽고 총애하던 제자 안회顔回와 자로子路마저 죽었다. "나를 이해해 주는 사람이 모두 사라지고 없구나"라며 그는 슬퍼했다. 팔십에 이른 공자가 남긴 마지막 말이다. "지는 꽃잎처럼 현자 또한 그렇게 가는구나."[1]

성인의 마지막 모습이 이럴진대 오욕칠정五慾七情에 부대끼는 범인凡人, 들풀처럼 짓밟히며 살아 온 민초의 그 절절한 사연인들 다시 말해 무엇 하랴. 원한은 인간을 비롯해 유정有情한 모든 것에 해당하는 '보편적인 문제'가 아니겠는가. 그럼에도 동서양 종교와 철학사에서 원한처럼 등한시해 온 주제도 없었다. 기존 종교와 도덕에서는 다만 원한을 참고 용서할 것만을 가르쳐 왔다. 그러나 원한이 참는다고 해결될 일인가.

여기 원한 문제가 지닌 심각성과 그 해법을 세계 최초로 제시한 이가 있다. 1871(辛未)년에 태어나 1909(己酉)년 39세로 세상을 떠난 증산甑山 강일순이 바로 그 사람이다. 증산상제는 구한말, 전란과 기근과 역병이 휩쓴 고통과 혼란의 시대를 살았다. 빈농의 아들로 태어나 민중과 더불어 고통스런 삶을 살았던 증산상제! 그의 뇌리를 떠나지 않았던 것은 고해 가운데 울부짖는 뭇 생명을 건져 살리려는 '광구창생匡救蒼生'이란 과제였다. 그는 고통의 근원을 밝혀 이를 바탕으로 광구창생의 현실적인 대안을 찾고자 했다.

증산상제는 인간을 비롯한 창생蒼生이 생명으로 태어난 이상

---

1 Halter, Hans 저 한윤진 역, 『유언』, 서울: 말글빛냄, 2008, 28쪽.

겪어야 하는 고통의 직접적인 원인을 원한에서 찾았으며, 원한이 발생하는 근본적인 원인이 상극相克이라는 천지天地질서 자체에서 비롯되었음을 밝혔다. 상극으로 인해 천지의 조화調和와 균형이 돌이킬 수 없을 정도로 깨어졌다. 증산상제는 이를 두고 '천지가 큰 병에 들었다'라고 표현했다. 그렇다면 뭇 생명의 고통을 해결하는 근본적이면서도 구체적인 방법은 무엇일까? 그것은 일차적으로 천지간에 쌓여 폭발지경에 이른 원한의 불기운을 해소하는 일이며[해원解冤], 나아가 천지질서의 '판'을 새롭게 짜는 일이다.

필자는 『원한을 넘어 해원으로』에서 140여 년 전 증산상제가 밝혀 준 해원 문제의 '코드'를 현대인들이 보다 쉽게 이해할 수 있도록 재조명하고자 노력하였다.

이 글은 원한의 문제를 크게 두 가지 방향에서 접근한다. 하나는 '원리적 접근'이며, 다른 하나는 '역사적 경험적 접근'이다.

원리적 접근이란 일종의 연역적 설명 방식이다. 이는 생장염장 사의(四義: 불변하는 네 가지 원리)를 바탕으로 증산도 종도사 안운산이 정립한 '우주일년cosmic year'의 도식으로부터 고통과 불행의 근본 원인에 대한 해답을 찾으려는 시도이다(제3장, '상극, 원한을 낳다'). 한편 고통과 불행의 원인인 원한이 역사적으로 언제 어떻게 시작되어 전개되었는지를 추적하고(제4장, '원한의 역사적 발단'), 제5장과 6장에서는 인류가 겪어 온 원한의 문제를 경험적으로 접근할 것이다. 제5장에서는 동서양 여성들이 겪어 온 원한의 문제를 정리한다. 제6장에서는 이 세상에서 해소되지 못한 원한들과, 원한이 해소되지 못할 때, 어떤 결과가 초래될지를 다룰 것이다. 그러나 이러한 작업에 앞서 풀어야 할 과제가 남아 있다. 원한을 어떻게 하면 생명계 전체의 '보편적 문제 의식'으로 고양시킬 수 있느냐 하는 것이다. 제1장('삶은 왜 괴로울 수밖에 없는가')과 제2장('원한이란 무엇인가')은 이런 의도로 작성되었음을 밝혀둔다.

원한에 이어 제7장과 8장에서는 해원의 문제를 다룬다. 해원은 원시반본·보은·상생과 더불어 증산도의 4대 실천이념 가운데 하나다. 원시반본이 가을개벽이 지향하는 목표라면, 보은·해원·상생은 이를 실천하기 위한 행동 강령이다. 해원은 동시에 천지공사天地公事의 원리이기도 하다. 천지공사란 ― 제7장에서 다룰 터이지만 ― 지금까지의 천지질서를 천지와 더불어 공판公判하고 이를 바탕으로 천지질서를 뜯어고쳐 새롭게 재구성함이다. 지금까지의 낡고 병든 천지질서의 판을 근본적으로 새롭게 바꾸는 작업이다. 그러나 이를 위해서는 선결 과제가 기다리고 있다. 천지해원의 과정이 바로 그것이다. 천지간에는 지난 선천先天 오만 년 동안 누적·증폭되어 온 원한의 불기운, 그 파괴적인 살기殺氣로 가득한데, 이를 방치한다면 결코 새로운 세상으로 나아갈 수 없기 때문이다. 해원이란 이러한 살기를 말끔히 씻어내어 새로운 세상으로 가는 발판을 닦는 일이다.

19세기 이후 우리 한민족은 극심한 혼란과 고통을 겪어야 했다. 지난 150여 년 동안 이 땅에는 여러 차례 불행이 덮쳐 왔다. 동학 농민전쟁과 항일의병투쟁으로 수십만이 학살되고, 청일전쟁과 러일전쟁으로 수많은 조선인이 희생되었다. 일제 강점기와 2차대 전을 통해 역사의 제단祭壇은 우리 민족에게 또 한 차례 희생을 강요했다. 1945년 해방을 맞았건만 진정한 해방은 오지 않았다. 오 히려 민족의 비극은 더욱 심화되어 갔다. 1950년 발발한 한국전 쟁으로 남북한 합쳐 300만의 인명이 숨지고 숱한 사람들이 불구 가 되었으며, 천만에 이르는 이산가족이 발생했다.

지난 150여 년 동안 네 차례의 대규모 전쟁이 한반도와 한민 족을 휩쓸었고, 적어도 다섯 차례에 걸쳐 ─ 내전을 방불케 하는 ─ 대규모 민중 봉기가 일어났다. 이러한 집단적 비극의 과정에서 600~700만에 이르는 사람들이 희생되었다. 굶어죽고 병들어 죽 고 맞아 죽고 생매장 당해 죽은 이들이 부지기수였다. 또한 400만 에 이르는 한민족이 정든 고향산천을 등지고 낯선 이국땅으로 유 랑을 떠나야 했다. 한국 근현대사를 휩쓴 이 집단적 비극은 세계 사적으로도 유례를 찾기 힘든 일이다.[2]

---

2 여타 민족과 비교할 수 있는 비극으로는 나찌 독일에 의한 600만 유대인 학살 (그러나 학자들에 따라서는 이 숫자가 과장되어 있다는 지적도 있다), 이차대전 기간 중 1,500만이 희생된 러시아, 1920년대부터 1950년대까지 약 5,000만이 희생

이러한 집단적 비극은 시대를 살다 간 개개인의 삶 속에 깊은 상흔으로 아로새겨져 있다. 비극의 과정 속에서 승자와 패자, 가해자와 피해자, 강자와 약자가 갈리면서 원한이 지속·재생산·증폭되는 악순환의 구조가 생겨났기 때문이다. 그러므로 한국의 문화계, 특히 민족문학과 같은 '비주류' 저항 노선에서는 민중의 원한과 해원 문제가 중심 테마가 될 수밖에 없었을 것이다.

우리 사회에서 '원한 및 해원의 담론'은 시대적 상황과 맞물려 전개되었는데, 1970년대에 시작되어 1980년대에 활발한 논의를 거쳤다. 그간 원한이란 주제에 대한 다양한 접근이 시도되었지만, 주로 문학을 비롯한 예술을 통한 것이 주土를 이루었다. 최근 오랜 공백을 깨고 원한 문제에 대한 '학제 간 연구'가 시도되었다.[3] 각 종교와 철학 및 문

된 중국을 들 수 있다. 그러나 당시의 인구 비율로 볼 때, 한민족이 겪은 희생 비율은 세계적으로 가장 높은 수준일 것이다.

3 김진 외, 『한의 학제적 연구』, 서울: 철학과 현실사, 2004.

학 예술계의 시각에서 한에 대한 다양한 해석이 제시되었다는 점에서 이는 중요한 기여로 평가된다. 그러나 원한의 문제를 ─ ‘한민족’이란 좁은 울타리를 넘어 ─ 인류의 ‘보편적 문제의식’으로 자리매김하기에는 여전히 아쉽다는 느낌을 지우기 어려운 것도 사실이다.

무릇 ‘세계종교world-religion’의 반열에 오르기 위해서는 죽음과 악惡, 고통과 불행 등 풀기 어려운 삶의 문제에 대해 고유한 해법을 제시해야 한다. 기독교는 고통과 타락의 근원을 원죄에서 찾았으며, 불교에서는 ‘사제四諦’를 통해 고통의 근원과 해결책을 제시한다. 이들에 비해 증산상제가 제시한 ‘상극─원한’의 도식은 고통에 대한 훨씬 ‘근본적’이며 ‘입체적’인 설명을 제공한다. 다른 설명 방식들이 오로지 인간 본성의 문제, 인간과 신의 관계를 천착穿鑿한다면, 증산상제는 상극이란 천지질서로부터 고통과 불행의 문제를 입체적으로 조감함으로써 해원이라는 근본적인 해법을 제시한다.

증산상제가 제시한 해원의 이념은 비단 한국 사회뿐만 아니라 투쟁과 갈등, 고통과 비극으로 점철된 현대세계에 중대한 시사점을 던지고 있다. 이항녕은 증산상제의 해원사상을 ‘평화사상’이라고 정의한 바 있다. 우리 마음 속 깊이 잠재해 있는 원한을 풀어 없애지 않는 한, 인간 세상에 진정한 평화란 있을 수 없기 때문이다.[4] 이를 넘어 증산도 종정 안경전은 해원사상을 '자유를 위한 해방의 이념'이요, '사랑과 자비와 인仁의 완성'으로 규정하고 있다.[5]

필자는 증산도의 해원사상 속에는 세계에 자랑스럽게 내 놓을 수 있는, 풍부한 문화적 보고가 숨어 있다고 생각한다. 이를 정교화하고 발전시켜 나감에 따라 해원의 이념을 환경·통일·정치·경제·예술·윤리 등 다양한 삶의 영역에 적용할 수 있으리라 기대해 본다.

---

4 이항녕, 「동학사상과 증산사상」, 증산사상연구회편, 『증산사상연구』1, 1974, 13–15쪽 참조.
5 안경전, 『증산도 진리』미완성 초고.

차례

이 때는 해원시대

이 때는 해원시대解冤時代라. 이제 앞으로 모든 참혹한 일이 생겨나느니라. 그러므로 내가 신명을 조화調和하여 만고의 원을 끄르고 상생의 도로써 조화도장造化道場을 열어 만고에 없는 선경세계를 세우고자 하노라. (『도전』 2:24:1~3)

태을주는 선령 해원 주문

하늘이 사람을 낼 때에 무한한 공부를 들이나니 그러므로 모든 선령신(先靈神)들이 쓸 자손 하나씩 타내려고 60년 동안 공을 들여도 못 타내는 자도 많으니라. 이렇듯 어렵게 받아 난 몸으로 꿈결같이 쉬운 일생을 어찌 헛되이 보낼 수 있으랴. 너희는 선령신의 음덕을 중히 여기라. 선령신이 정성 들여 쓸 자손 하나 잘 타내면 좋아서 춤을 추느니라. 너희들이 나를 잘 믿으면 너희 선령을 찾아 주리라. 태을주를 많이 읽으라. 태을주는 선령 해원 주문이니라.(『도전』 2:119:1~7)

Chapter 1
삶은 왜 괴로울 수밖에 없는가

기존 종교에서 말하는 고통의 기원

이 세상에 괴로워하지 않는 사람이 있을까? 불행과 좌절을 겪어보지 않은 그런 삶이 있을까? 천지를 메아리치는 뭇 생명의 절규. 그 근본 원인은 과연 어디에 있는 것일까? 석가는 그 화려한 궁전을 버리고 '설산雪山'으로 떠났다. 예수는 황야에서 40일간 굶주리며 기도로써 간구했다. 무엇 때문이었을까? 그들은 괴로움의 근원을 밝혀 울부짖는 뭇 생명을 건져 살리려 하지 않았던가.

기독교는 인간의 고통과 타락의 기

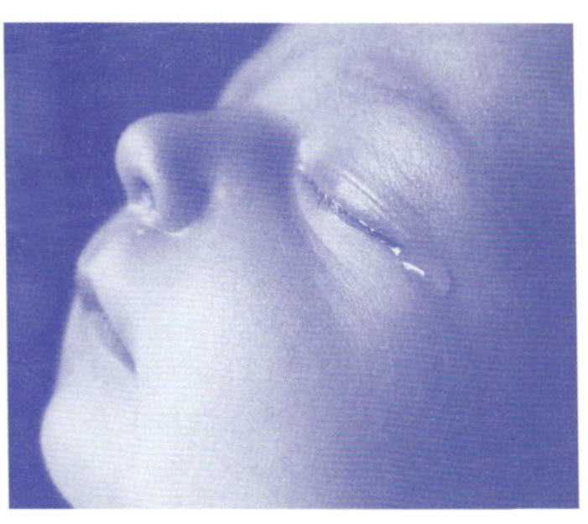

아름다운 생명의 꿈을 꾸며
세상에 나가기만을 손꼽아 기다렸던 낙태아
(뱃속살인)의 눈물

원을 '원죄原罪'에서 찾는다. 「창세기」에는 뱀의 꾐에 빠져 신의 명령을 어기고 '선악과善惡果'를 따먹은 아담과 이브의 이야기가 나온다. 금기를 어긴 대가로 에덴Eden(히브리어로 즐거움) 동산에서 쫓겨난 그들은 이 세상에서 '노고勞苦'와 '산고産苦'에 시달리게 된다. 남자는 가족을 먹여 살리기 위해 고달픈 노동을 견뎌야 하고, 여자는 파도처럼 덮쳐오는 '진통陣痛'을 거쳐야만 아이를 낳을 수 있다.

기독교에 따르면, '인류의 시조' 아담이 지은 죄 때문에 인간이라면 누구든 원죄를 지닌 채 세상에 태어난다. 원죄는 남녀의 성적 결합으로 후세에 유전된다. 부모가 원죄에 물들었다면 자식 또한 원죄로 더럽혀질 수밖에 없다. 원죄란 지울 수 없는 내면의 상처이며 온갖 죄악의 원천이다. 그것은 태어나면서부터 육신에 깃들어 있다. 인간은 원죄로 인해 탐욕을 지니며, 탐욕으로 인해 죄를 짓고 죄로 말미암아 죽음에 이른다. 그러므로 기독교에서 말하는 ─ 신의 은총과 회개를 통해 구원받지 못한 ─ 세속인과 이교도의 삶은 죄악의 구렁텅이요, 고통과 불행의 연속일 수밖에 없는 법이다.

불교에서는 말한다. '일체개고一切皆苦', 삶에서 만나는 모든 일이 괴로움이다. 태어나 늙고 병들어 죽는다는 것(生老病死). 삶의 여정은 괴로움에서 괴로움으로 이어진다. 사랑하는 사람과는 언

젠가 헤어져야 하지만(愛別離苦), 미워하는 사람과는 만나거나 같이 살아야 하고(怨憎會苦), 구하고자 하나 얻지 못한다(求不得苦). 지각 및 의지 작용을 총괄하는 오온(五蘊: 色受相行識)에는 탐욕과 집착이 들끓는다(五盛陰苦). 이것이 불교에서 말하는 '여덟 가지 괴로움(八苦)'이다. 또한 사람 마음속에는 '탐진치貪嗔癡', 탐욕과 성냄과 어리석음의 불길이 끊이지 않는다. 깨달음(解脫)을 통해 '무명無明'[6]과 윤회의 쳇바퀴를 벗어나지 못한다면, 인간은 고통과 불행의 굴레로부터 영원히 빠져 나올 수 없다.

사람에게는 고통과 불행, 질곡과 억압에서 벗어나 평화와 자유가 넘치는 땅에서 안식하고픈 꿈이 있다. 이러한 꿈을 이루기 위해 인류는 다양한 시도를 해 왔다. 종교는 사랑과 자비와 인仁을 외쳐 왔다. 그럼에도 인류에게 평화만큼이나 고통 또한 안겨 주었다. 신앙이 다르다는 이유로, 다른 신을 섬긴다는 이유로 숱한 이들이 희생되었다. 이상주의자들은 혁명을 통해 하루아침에 악惡을 제거하고 이 땅 위에 '유토피아utopia'를 세우려 했다. 그러나 유토피아는 말 뜻 그대로 '이 땅 위에는 존재하지 않는 곳'이었다.

삶의 환경 자체가 썩고 병들었는데, 그 속에서 아무리 '탐진치'를 없애려 한들 무슨 소용이 있으랴. 사람 마음이 원한과 보복심,

---

6 사제四諦(avidya), 즉 불교에서 말하는 네 가지 진리에 대한 무지無知, 네 가지 진리란 괴로움을 소멸시켜 열반에 이르는 네 단계의 진리를 말한다.

이기심과 시기심으로 가득 찼는데, 자유와 평등과 박애로 넘치는 이상사회가 과연 실현될 수 있을까. 종교가 이처럼 번성하고 있음에도 뭇 생명이 여전히 고통의 늪에 빠져 허우적거리는 것은 왜일까? 증산도 『도전』은 기존 종교의 '태생적 한계'를 이렇게 지적한다.

공자가 알고 하였으나 원망자가 있고, 석가가 알고 하였으나 원억寃抑의 고를 풀지 못하였거늘(『도전』 2:95:3)

깨달음의 경지에 오른 공자, 석가, 예수와 같은 성인들은 한 소식을 전하며 중생을 건져 살리려 했다. 그 뜻만은 숭고했다. 그러나 원래 의도와는 달리 선천 세상의 근본적인 한계를 극복할 수는 없었다. 광구창생의 큰 뜻은 옳았을지라도 이를 실천하기 위해 지금까지 선천先天 세상을 지배해 온 '상극·원한'의 질서를 결코 극복할 수 없었기 때문이다.

증산상제의 강세

여기 고통의 문제를 근본적으로 해결코자 한 '인자人子'가 있다. 1871(辛未)년, 한반도 남쪽 고부 땅 객망리에서 빈농의 아들로 태어난 인물. 그의 세상 이름은 강일순姜一淳이요, 호號는 마을 뒷산 이름을 딴 '증산甑山'이었다. 증산이 태어난 때는 신미양요辛未洋擾가 일어난 바로 그 해. '고요한 아침의 나라' 조선은 풍전등화, 내우외환의 위기를 맞고 있었다. 삼정三政의 문란과 지배층의 가렴주구는 극에 달했으며, 먼 바다로부터 이양선異樣船이 출몰하여 민심을 공포의 도가니로 몰아넣었다. 도탄에 빠져 신음하던, 아무런 희망도 없었던 민중들. 이제 그들은 새로운 세상과 구원자의 출현을 염원했다.

민중의 고통 속에서 민중과 더불어 살았던 증산. 그는 서른아홉 해의 생애 동안 '광구창생'을 위해 모든 것을 다 바쳤다. 어린 시절부터 비범함과 신통력을 보인 증산은 고된 수행과 궁구窮究 끝에 마침내 '활연대각豁然大覺'하여 삶의 비의秘義를 꿰뚫는 '중통인의中通人義'의 경지에 이른다.

그것은 인류 역사상 그 어떤 성인이 도달한 경지와도 차원이 다른, 전혀 새로운 깨달음의 경지였다. 사물과 마음의 이치를 꿰뚫어 보는 '이통理通'과 '심통心通'을 넘어, 보이는 세계와 보이지 않는 세계를 함께 아우르고 넘나드는 '신통神通'이자 '도통道通'이요, 그 세계를 뜻대로 짓고 부리는 '조화造化'의 경지였다. 1901(辛丑)년 음력 7월 7일, 전주 모악산 대원사 칠성각에서 있었던 대도통 사건. 그 순간 천지는 '찬란한 불기둥'과 '떨림'으로 화답했다. 성수聖壽 서른하나 되던 해였다.[7]

이제부터 필자는 그 분을 '인간' 강증산이 아니라 '증산상제上帝'라 부르고자 한다. 상제란 윗 상上과 하느님 (또는 임금) 제帝

---

7 증산도 『도전』 2:11:5~7 참조.

로 이루어진다. 하늘 가장 높은 곳에 살아 계시며 전 우주와 인간 역사에 개입하여 이를 맡아 다스리는 '주재主宰'신이란 뜻이다. 쉽게 말하자면 하느님, 바로 그 분이시다. 그러나 이렇게 말해도 확실한 감이 오지 않을 것이다. 외래 종교 문화에 압도당한 결과 민족 고유의 신관神觀과 상제문화를 잃어버린 지 너무나 오래기 때문이다.

'상제문화'란 도대체 무엇인가? 이를 이해하기 위해서는 한민족을 비롯한 동북아 종교 문화의 '원형archetype'으로 되돌아가야 한다.[8] 여러 고대 민족들에서 공통으로 발견되는 '화이트 샤먼'의 전통[9]과 우리 옛 문헌에 등장하는 '신교神敎'[10]야말로 그러한

---

8 그 시발점을 우리는 북방 유목 민족들에서 공통적으로 발견되는 '샤먼의 전통'에서 만날 수 있을 것이다. 특히 몽골과 북미 인디언의 종교 문화는 이러한 '원형 찾기'를 위한 발굴의 보고寶庫라 할 수 있다. Heissig, Walter 저 이평래 역, 『몽골의 종교』, 서울: 소나무, 2003; *Vitebsky, Piers* 저 김성례 역, 『샤먼』, 서울: 창해, 2005 참조.

9 독일의 탁월한 샤머니즘 연구자 칼바이트H. Kalweit는 태고 시대의 초자연적 신성을 지닌 '시원 무당'을 화이트 샤먼, 대광명의 무巫라 불렀다. 이들은 초자연적 능력을 통해 신들의 세계와 접촉하고, 유체 이탈 등을 통해 어디든 자유롭게 오갈 수 있었다고 전해진다. 그들은 태고 시대 인류의 스승이었다. 반면 '블랙 샤먼'이란 오늘날처럼 철저히 세속화된 무巫를 지칭한다. 이들은 세속적인 이익에 집착하며 원한, 시기, 복수, 파괴, 저주 등 인간의 어두운 본성들을 거침없이 표출하고 실행한다. 안경전, 『개벽실제상황』, 서울: 대원출판, 2003, 238쪽 참조. 칼바이트의 저서로는 H .Kalweit, *Die Welt der Schamanen*(샤먼의 세계), Scherz-Verlag Munich, 1984: *Urheiler, Medizinleute und Schamanen*(원초적 구원자, 주술사 그리고 샤먼), Koesel-Verlag Munich, 1987 참조.

10 안경전, 『개벽실제상황』, 서울: 대원출판사, 2005, 236~254쪽 참조.

원형에 속한다. 신교는 '이신설교以神設敎'의 준말이다. '신神으로써 모든 가르침을 펼친다'는 뜻이다. 불교, 유교, 서교(西敎: 기독교) 등 외래 종교가 흘러들기 이전 예부터 우리 민족은 '유일신 God'이 아니라 '신들gods', 곧 다신多神의 세계와 그 중심에 위치한 주재자 인격신인 상제를 믿고 의지해 왔다.

이러한 신교의 가르침에 따르면, 이 세상에 존재하는 모든 것은 신 아닌 것이 없으며, 모든 현상은 신들의 작용 아님이 없다. 신의 세계는 인간계를 초월해 있는 어떤 것이 아니라 우리들 삶의 세계와 맞닿아 있다. 신의 세계가 곧 삶의 세계며 삶의 세계가 곧 신의 세계다. 자연과 역사, 개개인의 길흉화복, 큰 것부터 작은 것, 보이는 세계와 보이지 않는 세계, 어느 것 하나 '신 아닌 것이 없으며', 신의 손길이 닿아 있지 않은 것이 없다.

그러한 신들의 중심에 한 분의 주재主宰신, 곧 상제님이 계신다. 예부터 그분을 'ᄒᆞᄂᆞᆯ님', '하늘님', '하느님', '한울님'[11] 그리고 '삼신三神 상제', '삼신 하느님', '상제님' 등으로 불러 왔다.[12] 여기서 상제란 한자로 표기된 하느님이다.[13] '바로 그 상제님'이 인

---

11 하느님과 한울님은 모두 '하늘'에서 유래된 말이다. 예부터 하늘이란 말에는 물리적 대상으로서의 하늘뿐 아니라 '초월적 인격신'으로서의 의미가 담겨 있었다. 다른 한편, '한울'에는 전 우주를 '한 울타리' 속에 담고 있는 '거대한 일자一者'라는 의미 또한 들어 있다.

12 『도전』 1:1:4 참조.

13 하느님 보다 상제라는 용어를 쓸 때, 비로소 우주와 역사의 주재자로서 살아

간의 몸으로 이 땅에 오셨다. 이 자리는 그분의 '신학적 위격位格'을 논하는 자리는 아니다. 단지 이것만은 명심해 주기 바란다. 140여 년 전 이 땅에 우주의 주재자 상제님이 인간의 몸으로 다녀가셨다는 사실을.[14]

무릇 성인들 치고 자신의 고향에서 박대 받지 않은 이가 드물었다. 죽임을 당하기도 했다. 상제님이 이 땅에 오셨건만, 외래 종교에 빠진 이 땅의 사람들은 그분을 알아보지 못했고 알려고도 하지 않았다. 다른 민족의 지방신과 조상신은 그토록 애지중지 섬기면서 정작 우리 자신의 조상신과 상제 문화에 대해서는 무관

계시고 역사하시는 '인격신'의 의미가 더욱 부각될 것이다. 상제는 다음과 같은 '본질적 속성'을 지닌다. 즉 (1) 창조와 생명의 근원(造化), (2) 가르침과 덕화의 근원(教化), (3)통치의 근원(治化)으로 간주된다. 또한 생사, 화복, 진리의 근원으로 신앙돼 오기도 했다.

14 천상에 계시던 그분이 이 세상에 오게 된 배경은 과연 어디에 있는 것일까? 증산도 『도전』에 기록된 내용을 정리하면 다음과 같다. (1) 가을개벽을 맞아 인간을 비롯한 창생이 극심한 고통과 혼란 그리고 진멸지경에 빠져 있다. 천상의 신명과 보살들이 이런 참상을 호소하며 우주의 주재자 상제님이 친히 강세하여 창생을 구제해 주실 것을 탄원한다. 이에 상제님은 어렵기 한량없으나 이 청을 차마 거절하지 못하고 이마두(마테오 리치) 대성사를 대동하고 길을 나서 우선 '대법국 천개탑(로마 베드로 성당)'에 내려와 천하를 대순大巡하게 된다. 그 후 조선 땅 금산사 미륵전에 30년간 임어해 계시다가, 1871(신미)년 강씨 문중에 인간으로 태어난다. (2) 그분이 굳이 조선 땅을 택하신 이유는 인류 문명이 동쪽인 간방艮方에서 시원되었으며, 가을 개벽을 맞아 원시반본하는 원리에 따라 다시 간방에서 끝맺을 것이기 때문이다. 이는 '종어간 終於艮 시어간始於艮'하는 역易의 원리에 따름이다. (3) 또한 동방 조선민족은 예로부터 '신명 대접을 가장 잘 하는 민족'으로 알려져 있다. (4) 마지막으로 한민족이 겪어 왔으며 겪고 있는 '세계사적' 고난의 역사가 상제가 한반도에 강세한 요인이 된 것으로 『도전』은 기록하고 있다.

심과 조롱으로 일관해 왔다. 그리하여 장승이 불타고 국조國祖 단
군의 목이 마구 잘려 나가는 상황에 이르렀다.

일찍이 증산상제는 이러한 상황을 경계해마지 않았다.

> 이 때는 원시반본原始返本하는 시대라. 혈통줄이 바로잡히는
> 때니 환부역조換父易祖하는 자와 환골換骨하는 자는 다 죽으
> 리라… 나도 단군의 자손이니라.(『도전』 2:26:1~3)
> 조선국 상계신(환인) 중계신(환웅) 하계신(단군)이 몸 붙여 의탁
> 할 곳이 없나니 환부역조하지 말고 잘 받들 것을 글로써 너희들
> 에게 경계하지 않을 수 없노라.(『도전』
> 5:347:16)

무릇 위대한 성인들이 그러하듯 증산
상제 또한 자신에 대한 체계적인 기록을
남기지 않았다.[15] 문자는 궁극적인 진리
를 전달하기에는 불완전한 도구이기 때
문이리라. 그러나 증산상제를 따르던 성
도聖徒와 지역 주민, 그들 자손의 생생한
증언이 아직 곳곳에서 이어지고 있다.[16]
서른아홉 해의 세월, 온갖 풍상을 다 겪

삼성조시대를 부정하는 자들에 의해 목이 잘
린 단군성조의 참담한 모습

---

15 증산상제의 저작으로는 유일하게 『현무경玄武經』이 남아 있는 것으로 알려
져 있다.

16 2003년 성편된 증산도 『도전道典』에는 이들로부터 채록된 그분의 행적과 사
상이 가감 없이 수록되어 있으니 참조하시기 바란다.

으며 오직 '광구창생'을 위해 온몸을 다 바친 분. 어느 날 곡기穀氣를 끊고 홀연히 떠나간, 세계 종교 역사상 유례를 찾을 수 없는, 신비의 인물. 그러한 증산상제가 고통의 근원 및 해법과 관련하여 인류에게 던지는 핵심 '메시지'는 과연 무엇일까?

천지, 상극相克으로 큰 병에 들다

증산상제는 무엇보다 '천지가 치유 불능의 큰 병에 걸려 있다'고 진단했다.[17] 여기서 천지란 천지인 삼계三界, 즉 자연계와 인간계, 보이는 세계와 보이지 않는 세계를 아우르는 '다차원의 포괄적' 개념이다. '병'이란 생명체 안의 조화와 균형이 깨어진 상태다. '치유 불능'이란 조화와 균형이 치명적으로 파괴되어 다시는 정상正常으로 되돌릴 수 없음을 뜻한다.[18] 그렇다면 이러한 대병大病의 근본 원인은 과연 어디에 있는 것일까?

> #### 선천은 상극相克의 운運이라
> 상극의 이치가 인간과 만물을 맡아 하늘과 땅에 전란戰亂이 그칠 새 없었나니 그리하여 천하를 원한으로 가득 채우므로 이제 이 상극을 끝맺으려 하매 큰 화액禍厄이 함께 일어나서 인간 세

---

17 무릇 지금까지 성인과 철인들 가운데 문명과 인간이 병들었음을 설파한 이는 드물지 않았다. 그러나 증산상제가 천지 자연마저 병들었다고 선언한 것은 역사상 초유의 '파천황破天荒적'인 사건이다.

18 증산상제는 무엇보다 세상의 '무도無道'함을 들어 천하가 큰 병에 들었다고 진단한다. 무도란 인간 사회의 가장 근본이 되는 인륜이 무너진 상태이다.(『도전』 5:347:7 참조) 오늘날 생태계 위기, 전쟁, 인간성 파괴 등 각종 자연 및 인위적 재앙이 광의의 '천지대병'에 해당한다.

‘선천先天’[19]에는 서로가 서로를 이겨 제압하려는 ‘상극相克’의 운이 온 세상을 지배해 왔다. ‘운運’이란 ‘일음일양, 일진일퇴하며 운동 변화하는 사물의 모습(像)이자 변화 법칙’이다.[20] ‘선천이 상극의 운’이란 지금까지의 세상에서 만물의 움직임과 변화가 서로를 제압하려는 상극이란 ‘밑그림’을 결코 벗어날 수 없었다는 뜻이다. 상극의 운이 지배함으로써 이 세상에는 개개인의 고통과 불행뿐만 아니라 전쟁과 재앙 등 온갖 재난과 비극이 끊이지 않았다. 그리하여 온 천지, 온 세상이 원한으로 가득 차게 되고 마침내 멸망 위기를 맞게 되었다.

결국 온갖 불행과 고통, 인간의 타락, 문명사회의 혼란과 더불어 각종 인위적 자연적 재앙이 치유할 수 없는 천하대병의 증상이라면, 이러한 ‘병증病症’을 초래한 근본 원인은 선천 세상을 지배하고 있는 상극 질서에 따라 누적·증폭되어 온 원한에 있는 것이다.

기존 종교와 이념들은 이러한 사실과 자연 질서 자체에 문제가

---

19 제3장에서 자세히 살피겠지만, 선천은 증산도에서 제시하는 거대한 우주적 시간 단위의 하나로 후천後天과 대비되는 개념이다. 선후천은 가을개벽을 기점으로 선후로 나누어진다. 증산상제는 오늘 이 시점을 개벽이 임박했거나 개벽이 진행 중인 ‘그 때’로 간주한다. 『개벽실제상황』 45~54쪽 참조.

20 한동석, 『우주변화의 원리』, 서울: 대원출판, 2001, 118쪽 참조.

있음을 간과했다. 고통의 원인을 사람 탓으로만 돌렸다. 사람과 신의 관계, 사람의 마음 그리고 사람들이 만들어 낸 관계의 틀 속에서 그 원인을 밝히려 했으며, 해결하려 들었다. 그리하여 서로 격렬하고 끈질기게 맞서 싸웠다.

그러나 고통의 문제는 사람 탓만은 아니다. 사람들이 몸담고 있는 사회나 문명의 탓만도 아니다. 보다 근본적인 이유가 있다. 우리들 삶의 전제조건인 자연 질서, 생명 질서 자체가 병들어 있기 때문이다. 삶의 틀이 그 출발부터 '어그러져' 있는 것이다. 삶은 여러 겹으로 복잡하게 짜인 관계의 그물망으로 이루어진다. '삶의 그물망'은 자연과 인간, 문명과 인간, 인간과 인간, 인간과 신명들 간의 복잡한 관계들로 구성된다. 이러한 그물망 자체가 상극 질서가 지배함으로써 애초에 근본부터 잘못 짜인 것이다.

그렇지 않고서야 끝없이 되풀이되는 이 모순과 부조리, 이 비극과 불행을 달리 어떻게 설명할 수 있겠는가. 인류 문명의 역사는 기실 전쟁의 연속이었다. 평화의 기간은 고작 5%에 불과했으며, 나머지 95%는 크고 작은 전쟁으로 얼룩져 있다.

증산도 종도사 안운산은 '선천 역사가 곧 전쟁의 역사'임을 이렇게 밝히고 있다.

인류 역사는 이렇게 피로 물들고 불의로 장식이 됐다. 지나간 세상에서는 사람 두겁을 쓰고 나온 사람 쳐놓고 원한을 맺지

않고 간 사람이 한 사람도 없다고 해도 과언이 아니다. 그 원한
을 맺고 죽은 사람들이 전부가 다 원신寃神이 됐다. … 사람으
로 생겨나서 하고 싶은 것도 못해보고 결혼도 못해봤는데 무수
한 젊은이들이 전쟁터로 끌려가서 다 죽었다. 해서 나는"선천
역사는 전쟁의 역사다"라고 결론짓는다.[21]

지금까지의 세상은 '선善으로 먹고 사는 성인聖人의 시대'가
아니라, '위무威武(위엄과 힘)와 죄로써 먹고사는 영웅의 시대'였
다.[22] 세상일이란 무조건 성실하고 정직하다고 해서 잘 풀리는 건
아니다. 험난한 세상에서 살아남으려면 전술·전략이 필요하다. 때
에 따라서는 간계와 음모도 쓸 줄 알아야 한다. 흔히들 '페어플
레이'를 외치지만 스포츠 세계에서조차 은밀한 반칙과 물밑거래
가 성행한다.

동서양을 막론하고 어질고 착한 사람이 권력을 잡았다는 이야
기는 찾아보기 힘들다. 설사 권력을 잡았더라도 얼마 못 가 비참
한 최후를 맞는다. 선한 일, 정의로운 일을 하기 위해서라도 권력
을 잡아야 한다. 권력을 획득하고 유지하는 과정 자체가 비정하
기 짝이 없는 일이며, 숱한 희생과 원한을 낳을 수밖에 없다. 한두
사람 죽이면 사형감이지만, 대의大義라는 명분으로 수천수만을
죽이면 영웅 대접 받는 것이 이 세상이다. 지금까지의 세상은 '재

---

21 안운산, 『춘생추살』, 대원: 서울, 2006, 135~136쪽.

22 『도전』 2:18 참조.

민혁세災民革世(백성에게 재앙을 끼치면서 세상을 바꿈)'와 '웅패雄覇의 術'이 지배해 왔던 것이다.[23]

오늘과 같은 난세에 큰 부자가 되려면, 법망을 잘 피하고 세상을 속이는데 능해야 한다. 이런 식으로 일확천금을 거머쥔 졸부들이 세상을 향해 비웃는다. "내가 법을 따를 게 아니라 법이 나를 따라오도록 만들어야 해." 그러므로 '부호들에게는 그 가진 재산 수효대로 살기殺氣가 붙어'[24] 있으며, '부호 중에는 천심天心 가진 자가 드물고 부잣집 창고에는 원귀가 가득한'[25] 것이다.

이른바 '무한경쟁'에서 살아남으려면 스스로 악惡해지지 않을 도리가 있을까. 현하現下의 학교 교육에선 무얼 배우나? 남을 제치고 살아남는 법과 '비열한 공리功利(공명과 이욕)'를 추구하는 법을 배운다. 군대에서는 어떤가? 사람과 물자를 효과적으로 죽이고 파괴하는 법을 배운다. 첨단 과학기술의 대부분은 군사적 상업적 목적과 맞물려 발전해 왔다. 오늘날 과학기술 문명은 '다만 물질과 사리事理에만 정통하였을 뿐', '인류의 교만과 잔포殘暴를 길러내어 천지를 흔들며 … 모든 죄악을 꺼림 없이 범행'하고 있는 것이다.[26]

---

23 『도전』 2:75:9 참조.

24 『도전』 3:255:3 참조.

25 『도전』 9:74:3 참조.

26 『도전』 2:30:9 참조.

증산상제는 선언했다. '천지가 병들었다.' 삶의 전제조건인 자연이 병들고, 문명이 병들고, 그 속에서 살아가는 인간의 몸과 마음이 병들대로 병들었다. 눈에 보이는 것도, 눈에 보이지 않는 것도 병들었다. '천지개병', 천지와 천지 속에 담긴 모든 것이 깊고 깊은 병에 들었다.

증산상제는 이렇게 선언했다.

묵은 하늘이 사람 죽이는 공사만 보고 있다.(『도전』 5:411:1)

이 선언은 천지의 병이 너무나 깊어 지금까지 지속되어 온 천지인 삼계의 온갖 질서와 제도가 이미 그 운運을 다하고 치유불능의 상태로 병들어, 현실적인 문제 해결 능력을 상실하고, 오히려 인간과 뭇 생명에게 폐해만 끼치고 있음을 뜻한다. 그러므로 상극과 원한으로 인한 고통과 불행 그리고 문명의 타락이라는 '천지의 큰 병'으로부터 뭇 생명을 건져 살리기 위해서는 병의 근원인 천지 질서, '그 뿌리부터 새롭게 뜯어고쳐야' 한다.

그러나 '뜯어고침'을 위해서는 반드시 거쳐야 할 과제가 기다리고 있다. 해원解寃의 과정이 바로 그것이다. 해원이란 '원한을 푼다', '원한을 말끔히 씻어낸다'는 뜻이다. 선천의 천지에 가득 차 폭발지경에 이른 원한의 기운을 해소하는 일이다. 저 '강렬하고 끈질기며 파멸적'인 원한의 기운을 해소하지 않고서는 새로운 생명 질서, 새로운 세상으로 나아갈 수 없기 때문이다. 이것이 고통의 근원과 해법을 찾은 끝에 증산상제가 내린 마지막 결론이었다.

증산상제는 이렇게 선언했다.

> 내가 천지를 개벽하고 조화정부를 열어 인간과 하늘의 혼란을 바로잡으려고 삼계를 둘러 살피다가 너의 동토에 그친 것은 잔피孱疲에 빠진 민중을 건져 만고에 쌓인 원한을 풀어주려 함이라.(『도전 3:184:10~11)

결국 인간의 고통과 온갖 비극의 근원은 지금까지 선천 세상을 지배하고 있는 상극·원한의 질서에 있으며, 증산상제가 몸소 이 세상에 내려온 '일차적 목적'은 천지에 쌓여 폭발지경에 이른 원한을 해소하여 '나약하고 피곤한' 민중을 널리 건져 살리기 위함이었다. 이 밖에는 달리 창생을 구제할 방도가 없었다.

해원과 맞물린 원한은 이처럼 중요한 주제다. 이제 원한의 문제부터 하나하나 짚어 나가기로 하자.

Chapter 2
원한寃恨이란 무엇인가

모든 한은 원한寃恨에서 비롯된다

이청준의 소설 『서편제』에는 한의 슬픔이 가을날 저녁 강물

되어 숨죽여 흐른다. 명창을 꿈꾸던 소리꾼 가족의 이야기는 의

붓아비와 딸과 아들, 세 사

람의 한으로 이어진다. 아

들은 어미를 앗은 아비에게

가슴 깊이 원망怨望을 품고

있으며, 아비는 못 다한 꿈

을 이루고자 딸의 눈을 멀

게 하면서까지 명창으로 키

우고 싶어 한다[願望]. 그리하여 한은 또 다른 한을 낳고 한과 한은 물길처럼 만나 어울리다가 헤어진다. 이들의 한은 '삭임과 풀이'를 통해 슬픔이 되고, 마침내 남도南道의 어느 포구에서 득음의 경지, 예술적 아름다움의 극치로 승화한다.

임권택 감독의 「서편제」를 보며 눈시울 적시지 않은 사람이 있었을까. 무엇이 사람의 심금心琴을 그토록 울렸을까? 어느 누구의 가슴 속에나 맺혀 있을 한, 바로 그것 때문이리라.

『설문해자說文解字』에서는 한을 "怨極也, 怨也."라 하여 '원이 지극한 것'으로 풀이한다. 한이란 외적 요인 때문에 미움이나 분노가 일어나 풀리지 못한 채 마음 깊이 응어리진 것이다. 『대한한사전大漢韓辭典』에서도 한은 원의 지극함(怨之極)과 함께 후회(悔), 유감(憾)이란 뜻으로 정의된다. 한글 사전에도 공통적으로 원한怨恨과 한탄恨歎이란 뜻을 담고 있는 것으로 풀이한다. 한은 '몹시 원망스럽고 억울하고 안타깝거나 슬퍼서 응어리진 마음'이요, '마음 깊은 곳에서 끊임없이 북받쳐 오르는 아픔'이다. 잊으려 하면 할수록, 덮으려 하면 할수록 더욱 새록새록 치밀어 오르는 감정의 샘물이다.

일상에서 한은 다양하게 쓰인다. 대표적인 것이 원한怨恨, 한탄恨歎, 정한情恨, 원한願恨, 원한寃恨 등이다. 원한怨恨이란 남에게 당하여 그를 미워하거나 원망怨望하여 생긴 감정이다. 그것이 풀리지 못한 채 깊어지면 보복심으로 발전한다. 따라서 원한怨恨은 가해자를 향하는 공격적인 감정인 셈이다. 반면 한탄은 자기 자신에게로 향하는 감정이다. 정상적으로는 한을 풀 수 없으므로 마음속 깊이 응어리져 맺힌 한이 한숨의 형태로 터져 나오는 것이 한탄이다. 그러므로 원한과 한탄은 '블랙 샤먼black shaman'의 부정적이며 어두운 에너지, 곧 저주와 복수로 이어지기 쉽다.[27]

한편 정한情恨과 원한願恨에서는 밝고 따뜻한 느낌이 묻어난다. 정한에는 애틋함과 우호성이, 원한에는 장애와 억눌림으로 인해 생긴 원억冤抑과 함께 이를 극복하여 무언가를 이루고자 하는 희망과 진취성이 깃들어 있다.[28] 그러므로 정한과 원한에는 '화이트 샤먼white shaman'의 밝은 색조가 들어 있는 것으로 해석되기도 한다. 그러나 한이 지닌 긍정성과 부정성은 반드시 대립적인 것만은 아니다. 미워할 원 자 원한怨恨과 한탄은 '극복과 타개', '삭임과 풀이', '체념과 승화'를 통해 보다 긍정적이며 진취적인 정한情恨과 원한願恨으로 발전할 수도 있기 때문이다.

한은 이처럼 다양하고 역동적인 모습으로 자신을 드러낸다. 그러나 이들 보다 더욱 근본적인 한이 있다. '원한冤恨'이 그것이다. 원한冤恨이란 갇히거나 막히거나 억눌려 생긴 감정이다. 바라는

---

27 천이두는 원怨을 "외형적 대타적 공격성"으로, 탄嘆을 "내향적 대자적 공격"으로 규정한다. 『한의 구조 연구』, 서울: 문학과지성사, 1993, 14쪽 참조.
28 천이두, 같은 책, 51쪽 참조.

것을 이루지 못하는 것도 닫히거나 묶인 환경 때문이며, 남에게 당한다는 것도 남에게 억눌려서 일어나는 일이다.

원한에서 '원冤' 자는 토끼 한 마리가 덫에 걸려 옴짝달싹 못 하고 갇혀 있는 안타까운 모습이다. '제 하고 싶은 것을 하지 못한 채 억눌리고 묶이고 막힌 상태'다. 사람이든 짐승이든 산 것이라면 구속받거나 억압받지 않고 훨훨 자유롭게 살고 싶어 한다. '자유自由'란 '스스로 말미암다'라는 뜻이다. 외부의 강압에 따라 어쩔 수 없이 억지로 꾸며서 하지 않고 자신의 뜻에 따라 자발적으로 생각하고 행동함이다.

그러나 이 세상에 태어난 이상 어떤 생명체건 외부의 강압과 속박으로부터 완전히 자유로울 수는 없다. 회재불우懷才不遇. 아무리 재주가 뛰어나고 큰 뜻을 품었을지라도 좋은 때와 환경을 만나야 성공할 수 있다. 때를 맞추지 못하거나 장애나 고난의 정도가 너무 심하면, 피어보기도 전에 삶의 무게에 짓눌려 거꾸러지기 일쑤다.

증산도 종도사 안운산은 선천 세상에서 인간의 '운명적 속박'을 이렇게 강조한다.

인간세상도 상극이 사배해서 누구도 제 뜻대로 살다간 사람이 없다. 사람은 누구도 천부적으로 자유를 향유享有하며 한 세

상을 살려고 세상에 태어났는데 제 육신을 가지고 자기 자의대로 살다간 사람은 한 사람도 없다.[29]

증산상제는 상극의 지배로 인한 이러한 억압과 속박으로부터 한이 맺히고 쌓여 마침내 '큰 병'을 이루게 된다고 밝혔다.

원래 인간 세상에서 하고 싶은 일을 하지 못하면 분통이 터져서 큰 병을 이루나니(『도전』 4:32:1)

그리하여 증산도 종정 안경전은 '원冤'과 '한恨'을 다음과 같이 적절하게 정의한다.

원冤은 개별적(강조, 인용자)인 특성을 가지며, 남에게 일방적으로 당하여 억울하고 분통이 터지는 것이다."원통해서 못 살겠네!"라고 하는 울부짖음처럼, 선천에는 힘이 약하면 당하고 살아야 했다. 반면에 한恨은 보편적인 것으로 상극의 시련과 고난 속에서 인간의 가슴 깊이 맺힌 설움 같은 응어리를 말한다.[30]

원冤이란 다양한 개별적인 요인들로 인해 우리들 삶에 씌워진 굴레이자 족쇄와도 같은 것이며, 이 원冤으로부터 인간을 비롯해 뭇 생명의 '보편적' 원한冤恨이 발생한다. 이러한 원한冤恨으로부터 다시 원한怨恨과 원한願恨이 일어난다. 원한怨恨이 가해자인 상대방을 향한 증오와 보복심의 살기라면, 원한願恨은 ─ 가해

---

29 안운산, 『춘생추살』, 서울: 대원출판사, 2007, 134쪽.
30 안경전, 『개벽 실제상황』, 서울: 대원출판사, 2005, 317쪽.

자의 의도적인 행위가 아니더라도 — 막히고 닫힌 환경이나 장애 등으로 인해 이루고 싶은 것을 이루지 못하여 생기는 한이다. 결국 원한冤恨에서 '원'이 개별적이며 다양한 외적 내적 요인에 의한 것이라면, '한'은 그러한 원이 내면화되어 마음 깊이 응어리진 보편적 심리 현상이다.

원한怨恨과 원한願恨

2007년 2월 15일, 미국 의회에서는 '일본 종군 위안부 청문회'가 열렸다. 증언대에는 한국인 할머니 두 분과 나란히 백인 할머니 한 분이 섰다. 얀 오헤른, 84세 네델란드 출신 호주인.

비극은 이렇게 시작되었다. 1942년 2월, 일본군은 연합군을 격퇴하고 당시 네델란드령 식민지였던 자바 섬을 점령한다. 점령 직후 모든 네델란드인은 강제 수용소에 억류된다. 여기서 종전을 맞을 때까지 3년 반 동안 강간, 폭행, 강제 노동, 굶주림 등 인간 이하의 끔찍한 생활이 기다리고 있었다. 당시 오헤른은 화목한 이민 가정에서 자라난 '열아홉' 꽃다운 처녀였다.

1944년 17세 이상의 여자들 가운데서 종군 위안부가 선별되어 네델란드식 저택에 별도로 감금된다. 이들에게는 일본식 꽃 이름이 적힌 방 한 칸씩이 배정되었다. 그녀를 처음 범한 자는 대머리의 일본군 장교였다. 원래 수녀가 되고 싶어 했던 오헤른은 이후 3개월 동안 이곳에서 밤낮 없이 일본군의 변태적 성폭행에 시달려야 했다.

그녀는 비극의 시작을 이렇게 회상한다.

여성에게 '첫 경험'이 갖는 의미는 너무나 큽니다. 그 첫 경험이 성폭행, 그것도 군위안소에서 … 그것이 내 인생에 어떤 굴욕감과 상처를 남겼는지는 말로 다할 수 없습니다.

오혜른의 비극은 원한 문제의 본질이 무엇인지 뚜렷이 보여준다. 피해자 오혜른은 가해 집단인 일본군에 대해 삭일 수 없는 분노를 품게 된다. 이것이 '미워하고 분노할' 원 자, '원한怨恨'이다. 남에게 당해서 그를 원망하여 생긴 증오와 보복심이다. 피해자의 가슴 속에서 이런 한을 말끔히 씻어내려면 어떻게 해야 하나? 가해자가 진심으로 반성하고 용서를 구하고 피해자가 당한 고통에 상응하는 보상을 해 주어야 한다.

'이에는 이, 눈에는 눈.' 피해자는 가해자에게 자신이 당한 만

가슴에 천고의 깊은 한을 품은채 살고 있는 일본군 종군위안부 할머니들.
이들은 일본제국주의가 조선을 강점했을 때 걸에서, 빨래터에서, 일터에서 잡혀가 일본군들의 성노리개가 되었다.

큼 고통을 안겨 주고 싶어 한다. 그러나 현실 세계에서는 '공적公的' 차원에서 그처럼 '정당한 보복'이 실현되기 어렵다. 이런 이유로 가해자에 대한 보복이 종종 '사적私的' 차원에서 일어난다. 가해자가 강자이고 피해자가 약자인 경우, 원한은 대개 피해자 스스로 삭여야 하는 법. 그러나 말처럼 쉽지 않다. 차마 참을 수 없는 것을 참아야 하기 때문이다. 참을 '인忍' 자는 '칼날' 인끼과 '마음' 심心이 합쳐진 모습이다. 참는다는 것은 '칼날로 마음을 도려냄'과 같이 견디기 힘든 일이다.

그럼에도 기존 종교와 도덕에서는 다만 참고 용서하고 화해하라고 가르쳐 왔다. 그러나 가해자 측에서 아무런 용서도 구하지 않고 보상할 뜻도 없다면, 진정한 용서나 화해를 기대할 수 있을까? 형식적인 화해나 용서가 이루어진다 하더라도, 그것은 약자

의 체념을 낳을 뿐이다. 여기서 피해자의 마지막 복수, 저 어둡고 불길한 원한怨恨의 저주, 그 새파란 증오의 불꽃이 지펴 오르기 시작한다.

원한寃恨에서 비롯된 원한怨恨을 지닌 피해자는 막히고 닫힌 환경이나 가해자들 때문에 자신들이 원하는 바를 이루지 못한다. 여기서 '바랄 원願'자 '원한願恨'이 싹튼다. 2007년 1월 23일, 대법원은 인혁당人革黨(인민혁명당의 약칭) 사건 연루자들에게 무죄를 선고했다. 인혁당 사건으로 여덟 명의 사형수가 형장의 이슬로 사라진 지 32년만의 일이다. 사형수들은 대개 20~30대의 '새파란 나이'로 삶을 마감했다. 그들 청운의 꿈은 무참히 싹이 잘리었다.

차마 눈뜨고 못 볼 것은 젊은이에게 덮쳐 온 갑작스런 죽음, 즉 요절夭折이라 한다. 죽어가면서도 죽지 않으려 몸부림치는 그들. 피어 보지도 못한 채 차마 죽음을 받아들일 수 없기 때문이리라. 사람 몸 받아 태어나기가 그리도 힘들다는데, 다시 올 기약도 없는 이승에서 이루고 싶은 일, 못 다한 일들이 얼마나 많았을까. 절절한 원怨과 원願을 삭이며 형장의 이슬 되어 허무하게 스러지던 그들. 32년의 세월, 온갖 수모를 참고 기다려 마침내 무죄가 선고되는 순간, 울부짖던 사형수의 아내. 무죄 선고는 내려졌으되 '살갑던' 내 사랑, 보고픈 사람은 다시는 곁에 돌아오지 못한다. 이다지도 애절한 것이 원하는 것을 이룰 수 없는 '원한願恨'이다.

그렇다면 원한怨恨과 원한願恨을 일으키는 원한寃恨에는 어떤 속성들이 있을까?

원한寃恨의 속성

원한은 우선 끈질기게 이어진다. 가해자가 가해 사실을 잊어버리는 것은 흔한 일이다. 반면 피해자는 그것을 쉬이 잊지 못하며 기회를 보아 보복하려고 벼른다. 원한을 맺은 집안은 대대로 '복수혈전'을 벌이기도 한다. 원한은 보복을 낳고, 보복은 또 다른 원한을 낳는다.

고대 로마에는 '아비를 죽이고 아들을 살려두는 자는 바보'라는 속담이 있다. 장차 보복이 두려운 나머지 삼족三族(부계, 모계, 처계)이나 씨족, 심지어 부족을 '몰살沒殺'한 경우도 드물지 않았다. 고대 전쟁이 잔혹했던 이유도 대물림되는 원한의 끈질김과 맞물려 있다. 포로로 잡힌 남성과 사내아이들은 씨를 말릴 목적에 따라 적에게 죽임을 당하거나 노예로 끌려갔다. 1,000년 이상 지속되어 온 기독교와 이슬람의 해묵은 갈등에서 보듯이 종교들 간의 원한도 역사적으로 이어져 왔다.

원한은 너무나 끈질기므로 사람이 죽은 뒤에도 천지간 어딘가에 남아 쌓이게 되지 않을까. 원한은 우리 눈에는 보이지 않지만 느낄 수는 있다. 누군가 보복심을 품은 채 나를 미워하면 우리도 그것을 느낀다. 원한이 쌓이면 몸 어딘가가 아프거나 병이 든다고 한다. 원한에 따른 보복심은 그처럼 강렬하고 끈질기다. 원한은 비록 눈에는 보이지 않으나 에너지나 기氣가 뭉쳐 있는, 어떤 실체가 아닐까.

증산상제는 이렇게 말했다.

세상에는 그 원인을 알 수 없는 의문의 사건 사고가 얼마나 많은가. 이런 일들이 원한의 살기殺氣에서 비롯되었다고 하면 지나친 생각일까. 상대방의 한 맺힌 저주를 간단히 무시할 수 있을까. 사람이 죽은 뒤에도 풀리지 못한 원한이 천지간 어딘가에 쌓이고 맺혀 원혼과 원귀가 되어 헤맨다고 하면 미신 같은 생각일까. 그러므로 증산상제는 대를 이어 내려오는 원한의 '끈질김'과 '파괴성'을 이렇게 강조한다.

(단주[31]원한 이후, 인용자) 원의 뿌리가 깊이 박히게 되고 시대가 지남에 따라 모든 원이 덧붙어서 드디어 천지에 가득 차 세상을 폭파하기에 이르렀느니라. (『도전』 4:17:5)

---

31 4,300여 년 전 중국에서 실제 생존한 것으로 알려진 단주丹朱의 원한에 대해서는 제4장에서 보다 상세히 설명할 것이다. 증산상제는 고통과 불행의 기원을 단주가 원한을 품게 된 역사적 사건에서 찾는다. 단주의 함원숨寃은 기독교에서 원죄가 시작된 선악과 사건에 비견될 만큼 의미심장하다.

일단 원한이 일어나면 호수에 돌멩이를 던진 것처럼 '파문波
紋'을 일으키며 퍼져 나간다.

누군가 억울한 일을 당했다면, 그는 당연히 가해자에게 보복하
고자 할 것이다. 그러나 가해자의 권력이 막강하여 현실적으로 보
복이 어려울 경우, 그는 보다 약한 대상에게 분풀이를 함으로써
'대리만족'을 얻으려 할지도 모른다. '종로에서 뺨 맞고 한강에서
분풀이 한다'는 속담이 이에 해당한다. 사회나 직장에서 입은 상
처를 현장에서 풀지 못하고 가족 등 주위 약자에게 푸는 경우가
그것이다. 가장에게 당한 가족들은 자기보다 더 약한 사람이나
동물에게 억울함을 풀려 할지도 모른다. 노예들은 주인에게 당한
모멸을 주인이 소유한 가축을 괴롭힘으로써 풀었다고 한다. 결과
는 가축의 수명 단축이었다. 이처럼 한번 발생한 원한의 기운은
다른 원한을 일으키고, 다른 원한과 서로 얽히고 섥키면서 퍼져

나간다.

한번 발생한 원한은 더 큰 원한을 만들어내며 자기 자신에게로 되돌아오곤 한다. 원한은 확대 재생산되거나 악순환되기 쉽다.

남편의 학대로 평생 깊은 상처를 안고 사는 아내를 예로 들어 보자. 그녀의 원한은 아들에게까지 미치기도 한다. 한을 품은 아내는 아들을 학대하거나 과도한 애착을 쏟아 붓는다. 이런 과정을 통해 아들의 성격이 심히 비뚤어져 장차 가정과 사회생활에 중대한 장애를 일으키는 경우가 있다. 불행에 빠진 아들의 삶은 어머니 가슴에 또 한 차례 '대못'을 박는다. '남편 복 없는 여자가 아들 복도 없다'는 것은 이런 경우를 두고 하는 말이다.

또한 원한을 품은 가해자에게 보복을 하게 되면 더 큰 원한이 피해 당사자에게 미칠 수 있다. 원한과 보복의 '무한 악순환'에 빠지게 되는 것이다. 그러므로 증산상제는 이렇게 경고했다.

악을 악으로 갚으면 피로 피를 씻기와 같으니라. (『도전』 8:36:10)

외부로의 발산이나 해소가 철저히 막힌 경우, 원한의 에너지는 자기 자신에게로 향한다. 억울함을 삭이거나 풀지 못한 채로 오랫동안 내버려 두면 자기 모멸감, 자기 열등감에 빠지기 쉽다. '내가 못나서 당했다'는 자괴감이다. 심한 경우 중병에 걸리기도 한다. 막다른 골목에 이르면, 피해자의 인격이 분열되어 자기 자신

을 부정하거나 자신의 몸을 가해자의 몸과 동일시하면서 자신을
공격하기 시작한다. 그 극단의 경우가 자살이다. 억울하게 당한
피해자의 자살이 대개 참혹한 방식으로 이루어지는 것은 이 때
문이다.

원한은 그러나 반드시 부정적인 것만은 아니다. 물론 앞에서
말했듯 원한寃恨에서 비롯되는 원한怨恨은 증오와 보복과 저주
의 어두운 기운으로 가득하다. 그러나 한의 에너지, 한의 기운氣
運은 당사자가 어떻게 극복하느냐에 따라 파괴적인 방향으로 흐
를 수도 있고, 건설적인 방향으로 흐를 수도 있다. 마음속에 한
이 있다는 것은 그 자체로는 선도 악도 아닐 터이다. 한이 드러나
는 방식에 따라 선악이 결정된다. 한이 있다는 것은 우리 안에 어
떤 강렬하고 끈질긴, 주체 못할 기운이 꿈틀대고 있음을 뜻한다.
그러므로 흔히 한이 없는 사람은 오히려 큰일을 이루기 어렵다고
하지 않는가. 위대한 인물 가운데는 혹독한 장애나 치욕을 이겨
낸 사람들이 드물지 않다. 그러한 과정을 통해 강인한 생명력과
투지를 키우지 못했다면, 과연 그들이 그 자리에 우뚝 설 수 있었
을까.

그러므로 증산상제는 성도들에게 『맹자孟子』에 나오는 다음
구절을 명심하여 큰일을 이룰 것을 당부했던 것이다.

하늘이 장차 이 사람에게
큰 임무를 내리려 할 때에는

반드시 먼저 그 심지를 지치게 하고
뼈마디가 꺾어지는 고난을 당하게 하며
그 몸을 굶주리게 하고
그 생활은 빈궁에 빠뜨려
하는 일마다 어지럽게 하느니라.
이는 그의 마음을 두들겨서 참을성을 길러 주어
지금까지 할 수 없었던 일도
할 수 있게 하기 위함이니라.(『도전』 8:87:3)

한은 종교적 예술적 '정화淨化catharsis'의 근원이기도 하다. 한의 번뇌, 한의 아픔을 이기기 위해 수행이 시작된다.

가을날 수행자는 나그네 되어, 낙엽처럼 정처없이 만행萬行의 길을 떠난다. 가슴 깊은 곳으로부터 원怨과 원願이 조수처럼 밀려왔다가 밀려 간다. 치밀어 올라 파도처럼 바위를 때리는 분노. 살에 정이 맺혀 육정肉情이라 했던가. '차마 떨치지 못할' 연인의 아련한 추억. 이 모든 원한, 이 모든 정염情炎과 집착과 그리움마저 불살라 수행자의 마음이 마침내 재가 되었을 때, 아스라이 깨달음의 서광이 비치기 시작한다. 마음속 한이 깊으면 깊을수록, 그것을 극복해 내었을 때 섬광閃光처럼 찾아오는 희열의 순간도 그만큼 강렬한 것이다.

한은 '예술적 아름다움'의 원천이기도 하다. 한은 삭임을 통해 슬픔과 그리움이 되고, 슬픔과 그리움이 어울려 갈고 닦이면서 마침내 보석으로 빛난다.

한의 슬픔, 한의 그리움이 깃들지 않은 음악을 듣고 감동할 사람이 있을까. 장조長調로 이어지는 경쾌한 행진곡이나 왈츠 곡은 기분을 들뜨게 하고 즐겁게 한다. 그러나 그것뿐 심금을 울리지는 못한다. 심금을 울린다는 것은 다른 이의 공감共感이나 동정심을 불러일으키는 일이다. 나의 노래가 듣는 이의 마음 깊은 곳을 건드려 함께 기뻐하고, 함께 슬퍼하는 일이다.

그러나 한을 노골적으로 드러내어서는 다른 이들의 공감을 불러일으키지 못한다. 한은 삭일대로 삭아 풍자와 해학으로, 은유와 멋으로, 서정과 그리움으로 우러나야 한다. 여기서 예술이 시작된다. 한에서 비롯된 미지의 무언가를 향한 '애달픈 그리움'이 아니라면 그 아름다움은 얼마나 오래 남을 수 있을까?

원한冤恨의 심리적 '메커니즘'

인간의 마음속에는 원한이 일어나 보복과 같은 행동으로 표출되는, 어떤 심리적 메커니즘이 작동하는 것으로 보인다. 그러한 심리적 과정은 – 위에서 논의한 내용을 다시 정리하면서 – 다음과 같이 '도식화' 할 수 있을 것이다.

1. 자유가 속박과 억압을 받음으로써 원한冤恨이 발생한다. 이것은 인간을 비롯한 모든 생명체에서 일어나는 보편적 현상이다.[32]

---

32 증산상제가 제시한 '해원解冤'의 원리는 비단 인간과 문명계에만 국한된 이야기가 아니다. 증산상제가 1901년 대원사에서 궁극의 깨달음에 이른 뒤 처음으

2. 속박과 억압은 외부 또는 내부 요인에 의해 생겨난다. 직접적인 가해자가 있는 경우도 있으며, 자신의 타고난 운명과 우연히 덮친 재난, 외모와 성격[33], 장애 등으로 인해 원한冤恨을 품을 수도 있다.

3. 직접적인 가해자가 분명히 있지만 '극복과 타개', '보상과 처벌', '삭임과 풀이', '용서와 화해'를 통해 원한冤恨이 해소되지 못할 경우, 그 원한은 '분노하고 증오할' 원한怨恨으로 발전한다. 한편 가해자가 뚜렷하지 않을 경우에는 막연한 대상(불특정 다수)에 대해 원한을 품기도 한다.

4. 가해자가 있고 없음을 떠나 두 경우에 모두 '원할 원' 자 원한願恨이 보편적으로 일어난다. 억압과 구속으로 인해 생명체가 진정으로 바라는 바를 행하고 이룰 수 없기 때문이다.

5. 원한怨恨을 풀지 못한 채 오랫동안 내버려 두면 증오와 저주

로 행한 '공사公事'가 '금수 해원공사'였다는 사실은 의미심장하다. 인간은 자신의 고통과 속박을 말로 표현이라도 할 수 있지만, 짐승은 그마저도 할 수 없다는 점에서 그들의 원한은 더욱 심각한 것일지도 모른다. 『도전』 2:12:6~9 참조. 해원이 전 지구적 '생태 운동의 이념'으로 발전할 가능성이 돋보이는 대목이다.

33 『도전』에는 '얼굴 못난 자의 깊은 한'이란 애처로운 이야기가 실려 있어 여기 소개한다. 사연인즉 이러하다. 1908(무신)년 5월 구미란이란 곳에 사는 최운익의 아들 영학이 병들어 사경에 이른다. 아비 운익이 증산상제가 계시던 구릿골 약방으로 찾아와 살려 주시기를 애원한다. 이에 상제는 "병자의 얼굴이 심히 못나서 일생에 한을 품었으므로 그 영혼이 이제 청국 심양에 가서 돌아오기를 싫어하니 어찌할 수" 없으며, "죽어서 다시 태어나는 수밖에 다른 도리가 없다"고 답한다. 『도전』 9:142 참조.

와 복수로 발전하기 쉽다. 복수에는 합법적인 것과 비합법적인 것이 있다. 특히 비합법적인 보복은 가해자뿐 아니라 피해자 자신에게도 돌이킬 수 없는 파멸을 초래한다.

6. 원한願恨은 진취적이며 긍정적으로 발전할 수 있다. 한을 참고 이겨내고 장애를 극복하게 하여 발전과 성공을 이루는 원동력이 될 것이다. 반면 이러한 원한을 끝내 해소하지 못한 채 비탄과 한탄, 자조와 원억으로 나머지 생을 탕진할 수도 있으며, 심한 경우 타인을 공격하거나 자살을 저지르는 경우도 일어날 수 있다.

원한은 삶의 보편적 문제

원과 한은 이처럼 우리들 삶의 다양한 모습과 맞물려 있는 생생한 문제다. 사람으로 태어났다면, 아니 생명으로 태어났다면, 누구나 맞닥뜨려야 하는 절실한 문제다. 필자는 원한이 곧 인류 모두의, 나아가 생명 모두의 '보편적인 문제'라고 생각한다.

그럼에도 동서양의 종교와 철학 어디서도 원한의 문제를 심각하게 다룬 적이 없었다. 다만 원한에서 비롯된 분노와 보복심을 털어버리거나 초극하고 가해자를 용서하라고만 가르쳐 왔다. 또는 약자의 원한과 분노를 누그러뜨리기 위해 '인간 평등', '가난한 자의 복', '천국의 보상' 또는 윤회를 통한 '인과응보'를 설교해 왔을 뿐이다.

서구 사상사에서는 예외적으로 니체F. W. Nietzsche와 프로이트S. Freud가 원한의 문제를 다루기 시작했다. 니체는 기독교를 '노예의 도덕'으로 규정하면서 이 속에 피지배 하층민의 '원한Ressentiment'이 숨겨져 있음을 폭로했다.[34] 서구인들이 '한'을 보다 과학적으로 이해하기 시작한 것은 20세기 프로이트를 통해서일 것이다. 그는 병리학적 원인을 찾기 어려운 — 특히 여성에서 흔히 발견되는 '히스테리'와 같은 — 신경증에 주목했다. 임상치료를 통해 그는 대부분의 신경성 질환이 어린 시절 무의식에 새겨진 상흔傷痕과 관련돼 있음을 발견했다.

인간은 심각한 물적 정신적 충격을 받아 그것을 정상적으로 치유할 수 없을 경우, 될 수 있으면 그 기억을 지우려고 한다. '기억 지우기'는 생각하기도 싫은 아픈 기억을 무의식 속으로 억지로

---

34 서구 언어권에는 우리말 '원한冤恨'에 해당하는 번역어를 찾기 힘들다. 원래 불어 'ressentiment'에서 유래한 이 말은 원한보다는 '분노' 또는 '원怨'이라는 의미에 가깝다. 니체, 『선악의 피안』, 『도덕의 계보학』 등 참조.

밀어 넣음으로써 가능해진다. 그러나 이는 일시적으로나 성공할 수 있을 뿐이다. 무의식에 새겨진 깊은 상흔마저 제거할 수는 없기 때문이다.

원한도 이처럼 지우기 힘들다. 지우려 하면 할수록, 상처를 건드리듯 덧나게 할 뿐이다. 원한에 사로잡힌 이들이 피해망상증에 시달리거나, 과거 원한과 관련된 사물을 다시 만났을 때 경악하거나 악몽에 시달리는 것도 이 때문이다. 인간의 내면 깊이 도사리고 있는 원한은 이성이나 의지로 누른다고 해서 눌러지는 것이 아니다. 누르면 누를수록 더욱 강렬해지는 것이 원한의 속성이기 때문이다.

또한 '집단적 원한'[35]의 에너지야말로 역사의 중요 고비마다 그 운로를 결정짓는 변수였다. 세계사를 뒤흔든 혁명들을 상기해 보라. 민중들 가슴 깊이 쌓여 작열하는 원한과 분노가 아니었다면, 세상을 하루아침에 뒤바꾼, 그처럼 엄청난 사건들이 가능했

---

[35] 현대 '집단심리학'과 '군중심리학'에서는 인종, 민족, 계급, 계층 등 다양한 사회집단에 따라 집단 고유의 공통적인 정서collective emotions가 작동하고 있음을 제시한다. 한 개인이 어떤 사회집단에 속하느냐에 따라 다양하고 심지어 상반된 심리 상태 및 정서가 형성되기도 한다. 그러한 집단적 정서는 대를 이어 유전되는 것으로 보인다. 집단적 정서 가운데 가장 강렬한 감정인 원한도 마찬가지일 것이다. 특히 융C. G. Jung, (1875~1961)은 - 프로이트의 개인적 무의식을 넘어 - 꿈 등에 나타나는 상징 해석을 통해 인간 무의식의 집단적 형성과 유전을 주장했다. 앞으로의 연구 과제 가운데 하나로 '집단적 원한'의 문제와 정신분석, 특히 융의 '집단 무의식' 개념을 접목시킬 필요가 있는 것으로 사료된다. Jung 저 융, 저작번역위원회편 역, 『원형과 무의식』, 서울: 솔, 2002 참조.

을까.

증산도 『도전』에서는 민중의 집단적 원한과 관련하여 '동학혁명'의 발생 원인을 이렇게 밝힌다.

> 혁명이란 깊은 한恨을 안고 일어나는 역사의 대지진인즉, 동방 조선 민중의 만고의 원한이 불거져 터져 나온 동학혁명으로부터 천하의 대란이 동하게 되니라. (『도전』 1:43:9)

'인간 강증산'은 원한의 심각성과 중요성을 세계 최초로 세상에 드러내는 데 기여했다.[36] 그의 업적은 '원한의 문제'를 제기하는 데 그치지 않는다. 그는 이 문제를 철학과 우주론 그리고 비가시적 세계인 신명계와의 관계를 통해 체계적으로 밝혀 나갔다. 나아가 개벽기의 대격변과 그 근본 원인이 선천 세상에서 상극 원리의 지배에 따른 원한의 누적·증폭에 있다고 결론 내렸다.

원한을 깨끗이 씻어버리고 홀가분하게 세상을 떠난 이가 과연 몇이나 될까? 한은 눈에 보이지도 않고 만질 수도 없다. 그럼에도

---

36 불교와 유교에서도 '원한'의 문제를 다루고 있다. 불교에서 말하는 한은 범어 우파나하UpanFha의 번역어이다. 불교에서는 원한이나 복수보다 상대 가해자에 대한 이해와 자비를 강조하고, 수행을 통해 원한을 초극하라고 가르친다. 반면 유교는 국가종교로 자리 잡으면서 한의 해소가 아니라 한을 증폭시킨 주범 가운데 하나로 간주된다. 김진 외, 『한의 학제적 연구』, 서울: 철학과 현실사, 2007, 43~100쪽 참조. 증산상제는 유교에서 배울 것이라곤 '범절凡節' 뿐이라고 비판한다. "유도儒道의 구습을 없애고 새 세상을 열어야 할진대 유도에서는 범절凡節밖에 취할 것이 없도다."(『도전』 2:13:4)

원한의 기운이 마음 깊은 곳으로부터 솟아오르는, 격렬한 체험을 해 보지 않은 사람은 없으리라. 원한은 이처럼 인간의 보편적 문제이자 우리들 일상에서 겪어야 하는, 너무나 구체적인 문제기도 하다.

이제 원한의 실체를 인정하고 원한이 어떻게 발생하는지 '원리적'으로 살펴볼 차례다.

Chapter 3

상극, 원한을 낳다

우주일년cosmic year

지금까지 선천 세상에서 서로가 서로를 이겨 제압하려는 상극의 운이 온 세상(자연계, 인간계 및 신명계)을 지배해 왔으며, 이로 말미암아 원한이 쌓이고 증폭되어 온갖 재앙과 전쟁, 고통과 불행, 인간의 타락을 불러일으키고, 마침내 인류 전체가 '진멸지경殄滅之境'으로까지 내몰리게 되었다. 여기서 의문이 생긴다. 선천이란 무엇이며, 상극

이란 또 무엇인가? 그리고 선천과 상극과 원한은 '원리적'으로 서로 어떻게 연관되어 있는 것일까?

이 물음에 답하기 위해서는 일찍이 안운산 종도사가 정립한 '우주일년'이란 개념부터 이해할 필요가 있다. 간단히 말하자면, 지구에 일년이 있듯이 우주에도 일년이란 시간 단위가 있다. 그것을 우주일년이라 부른다. 우주일년에도 지구일년과 마찬가지로 춘하추동 네 계절이 있다.[37] 봄에 만물이 태어나 여름에는 성장하며, 가을에 열매 맺고 겨울에는 휴식한다. 천지가 봄에 생명을 내어 여름에 키워 가을에 그 열매를 거두고 겨울에는 다음 봄 파종을 위해 갈무리한다. 이를 증산상제는 '생장염장生長斂藏 사의四義(어길 수 없는 네 가지 변화 원리)'라고 불렀다.[38]

무릇 생명은 봄·여름에는 분열·성장하고, 가을·겨울에는 수렴·통일한다. 생명의 변화는 오행五行 가운데 수水에서 시작해 다시 수로 돌아가는 과정을 무한히 반복하는 순환 운동이다. 수는 만

---

37 우주에도 과연 지구에서와 마찬가지로 일년이란 시간 단위가 있을까? 지구의 4계절은 지축이 23.5도 경사짐으로 인해 생기는 '천체물리학적' 현상이다. 그렇다면 우주의 축도 이처럼 경사져 있다는 말인가? 여기서 유념해야 할 것은 현상적 차원에서 우주일년과 지구일년이 동일하다는 말이 아니다. 양자에 모두 '일년'이란 의미를 부여할 수 있는 것은 양자가 '변화원리'상 구조적 유사성을 지니기 때문이다. 그것이 바로 '생장염장' 사의四義다. 우주일년에 대해서는 중국 송대 철학자인 소강절의 원회운세설과 『개벽실제상황』, 45~55쪽을 참조하시기 바란다.

38 『도전』 2:20 참조.

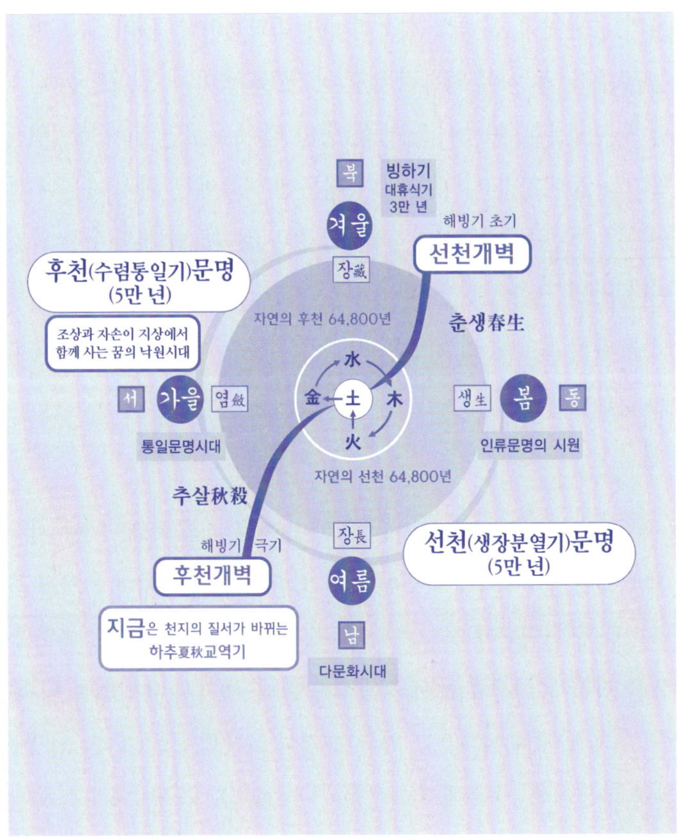

우주1년 129,600년

안운산 증산도 종도사님(1922~)께서 해방 다음 해인 1946년 우주론에 대한 깨달음의 정수를 그림으로 그려 도생들에게 내려주셨다.
증산도의 선후천 개벽사상을 동양의 우주 변화원리와 결합시켜 인생과 우주의 문제에 대해 종교와 철학과 과학의 종합 논리로 명쾌하게 풀어주고 있다.

물의 근원이며, 운동의 시작점이자 종착점이다. 봄이 오면 겨울 동안 수기水氣 속에 억눌려 있던 양기陽氣가 마치 '스프링spring'처럼 솟아오른다. 여름이 되면 봄 동안 뻗어 오르던 힘이 빠지면서 양기는 흩어지기 시작한다. 이 때문에 여름에는 화火 기운이 봄의 목木 기운을 계승하게 된다. 이것이 봄·여름의 분열·성장 과정이다. 반면 가을이 오면, 뻗어 올라 확산되었던 양기가 수기 내부로 수렴되고, 겨울이 되면 수기가 양기를 완전히 둘러싸 압축하는 통일의 과정이 완성된다.

선천과 후천

우주의 봄·여름은 선천先天에, 가을·겨울은 후천後天이란 시간대에 해당한다.[39] 우주일년이란 시간 단위가 왜 이처럼 선천과 후천으로 구별되어야 하는가? 오행의 변화 법칙에 따르면, 춘하추동은 각각 목화금수木火金水에 해당한다. 여기서 유념해야 할 것이 있다. 봄에서 여름으로 가는 과정이 목생화木生火 하는 상생相生의 과정이며, 가을에서 겨울로 가는 과정도 금생수金生水 하는 상생의 과정이라는 사실이다. 반면 여름에서 가을로 바뀌는 과정은 화극금火克金 하는 상극相克의 과정이다. 봄에서 여름, 가을에

---

39 선후천에서 말하는 '천天'은 물리적 대상으로서의 하늘이나 인격적 도덕적 의미의 천이 아니라, 소강절의 원회운세설에 나오는 것처럼 우주의 '거대한 시간 단위'를 뜻한다. 나아가 선천과 후천에서의 천은 '세상'을 뜻하기도 한다. 따라서 천에는 시간과 공간의 의미가 복합적으로 담겨 있다. 곧 선후천의 천은 시공時空이 결합된 개념이다.

서 겨울로 가는 상생의 과정이 자연스럽고 순차적인 것이라면, 여름에서 가을로 가는 상극의 과정은 격렬한 대립과 충돌을 수반하는 격변激變의 과정이다.

이에 대해 안경전 종정은 다음과 같이 그 핵심을 정리한다.

> 선천 봄여름은 양陽운동, 역逆운동의 때이고, 후천 가을겨울은 음陰운동, 순順운동의 때이다. 선후천 개벽은 그 기운이, 천지 질서가 한순간에 정반대로 뒤집어지는 변혁이기 때문에 그 충격이 이루 말할 수 없이 큰 것이다.[40]

우주일년 가운데 각 계절의 변화는 개벽이라는 극적인 변화를 동반한다. 특히 선천에서 후천으로 넘어가는 과정을 '대大개벽'이라고 부른다. 우주 시간대에서 여름과 가을이 바뀌는 현상이므로 '하추교역夏秋交易'이라 하고, 우주가을에 일어나므로 '가을개벽', 후천으로 이행하는 개벽이므로 '후천개벽'이라고도 한다.

'개벽開闢'이란 '천개지벽天開地闢'의 준말이다. '하늘과 땅이 근본적으로 새롭게 열리고 바뀐다'는 뜻. 가을개벽이 초래하는 격변은 양적 차원을 넘어서는 '질적 차원의 변화'라 할 수 있다.

---

40 『개벽실제상황』, 51쪽. 여기서 봄여름의 '역운동'이란 수水에서 화火로 가는 성장 분열 운동을 말한다. 만물의 변화 운동은 수에서 시작하여 화를 거쳐 다시 수로 돌아가는 영원 회귀의 운동이다. 수에서 화로 가는 운동이 역운동이라면, 화에서 수로 돌아가는 것은 수렴 통일의 과정으로 원래 사물의 본 모습으로 되돌아가는 '순운동'이다. 본체本體에서 멀어지는 것이 역운동이며, 본체로 다시 돌아오는 것이 순운동인 셈이다.

그만큼 가을 개벽기의 변화는 근본적인 것이다. 우주의 시간대가 여름에서 가을, 선천에서 후천으로 바뀜에 따라, 시간의 질서[曆法] 또한 윤력에서 정력, 변화의 질서[易]는 주역에서 정역, 생명 질서는 상극에서 상생으로 바뀌기 때문이다.

상극이 지배하는 선천

우주의 봄·여름인 선천에는 상극의 질서, 우주의 가을·겨울인 후천에는 상생의 질서가 지배한다. 상극은 분열·성장이 극極에 이르는 늦여름[長夏]에 최고조에 이른다. 상극은 '이기다', '억제하다', '극복하다'의 세 가지 뜻을 지닌다. 상극은 상호 대립과 억제라는 부정적negative 의미뿐 아니라, 장애와 난관을 극복한다는 긍정적인positive 의미도 담고 있다.[41] '싸워야 큰다'는 말에서 알 수

---

41 『개벽 실제상황』, 56쪽 참조.

있듯이 장애와 난관의 극복은 생명의 탄생과 성장에 필수적이다. 상극 원리가 작동하지 않는다면, 생명 현상은 영위될 수 없으며, 궁극적인 변화 원리인 생장염장도 성립할 수 없다. 상극 질서 속에서만 만물의 분열·성장이 가능하기 때문이다.

한동석은 『우주변화의 원리』에서 상극을 "극으로써 해치려는 것이 아니고 오히려 만물을 생성하려는 목적으로 그렇게 하는 것인즉 가히 필요악"[42]이라고 규정한다. "오행의 상극 원리란 것은 생성 작용의 이면을 표시하는 것이다." 상극은 상생을, 상생은 상극을 견제하고 서로 의존하면서 서로를 지향한다. '상극이 지배한다' 함은 상극 원리의 일방적인 지배를 뜻하지 않는다. 상극은 상생과 '호근互根 관계' 속에서 늘 함께 작용한다. 즉 상생은 상극에, 상극은 상생에 그 뿌리를 두고 있다.

그럼에도 선천에는 현상적으로 상극이 주도적인 작용을 행함으로써, 그 이면의 상생 작용을 무화無化시키는 것처럼 보일 뿐이다. 이와 마찬가지로 우주의 가을·겨울에 해당하는 후천後天 세상에는 비록 상생 원리가 만물의 변화를 주도하지만, 그 이면에서는 상극 원리의 견제를 받게 된다. 결국 상극과 상생은 모든 우주변화 현상에 동시에 작용하는 양면적인 원리로서 상호 보완적·의존적·지향적[43] 변화 원리다.

---

42 『우주변화의 원리』, 110쪽.

43 또한 상극相克의 극極에 이르면 상생相生으로의 전환이 일어난다. 이것이 바

선천 세상에서 상극이 지배하는 보다 근본적인 이유는 과연 어디에 있을까? 원래 우주의 변화 운동에서는 음양陰陽 이기二氣가 서로 극克하고 생生하면서, 일음일양일진일퇴一陰一陽一進一退를 끝없이 되풀이하며 운행한다. 즉 음양 운동에서 양자 간의 상생과 마찬가지로 상극은 필수적이다. 음양 운동에서 알 수 있듯이 상극은 상생과 호근互根 관계를 이룸으로써 음양 양자 사이에는 일종의 평형 상태가 유지된다.

그러나 선천의 지축은 23.5도 기울어져 있다. 이 때문에 '무근지화無根之火', 즉 생성 근거가 없는 불기운이 하나 더 생겨나게 된다. 여름철의 강렬한 화 기운이 가을 방향인 서쪽에까지 작용함으로써 무근지화가 생겨나게 되는데, 이를 '상화相火'라 부르기도 한다. 상화의 상 자字는 '서로' 상 보다는 '도울'

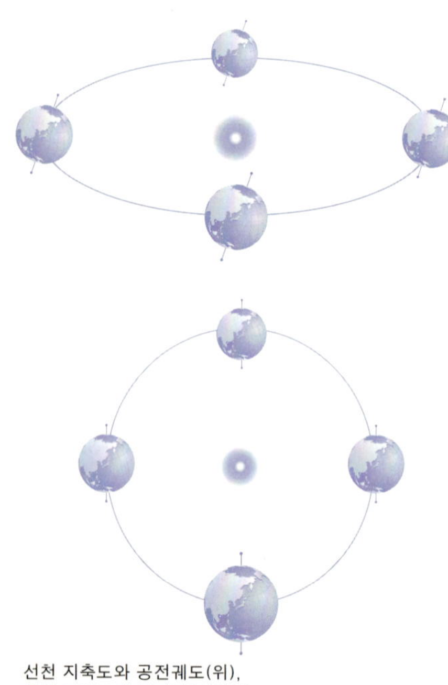

선천 지축도와 공전궤도(위),
후천 지축도와 공전궤도(아래)

로 가을 대개벽이다. 위의 책, 116쪽 참조.

상의 의미를 담고 있다. 여름의 강렬한 화가 보다 순조롭게 가을의 금으로 넘어갈 수 있도록 화기火氣를 '보조한다'는 뜻으로 해석할 수 있다.[44]

그러나 상화라는 이러한 화 기운은 선천에서 음양 간의 조화가 깨어지게 하는 데 결정적인 역할을 한다. 선천 세상에서 지구상의 변화 질서를 근본적으로 규정 짓는 육기六氣[45]는 목木, 화火, 상화相火라는 세 개의 양과 금金과 수水라는 두 개의 음 그리고 중립적인 토土로 성립된다. 이로 인해 삼양이음三陽二陰, 삼천양지三天兩地라는 양의 '과항過抗'을 빚게 되는 것이다. 양의 과항에 따른 음양 간의 부조화는 상극–상생 간의 조화도 깨뜨려 버린다. 원래 음양 간의 균형이 맞을 때 상극과 상생은 조화로운 관계를 형성한다. 반면 양의 과항은 상생에 대한 상극의 지배를 초래하게 된다.

그리하여 선천은 – 적어도 현상적 차원에서 – 음양, 천지, 남녀, 상극·상생 간의 균형 및 조화 상태가 깨어진다. 양이 음을 눌러 이기고, 하늘이 땅을 지배하는 세상, 상극이 상생을 눌러, 만물이

---

44 윤창렬, 『우주변화의 원리 강의(1)』, 대전: 증산도대학교, 2002, 273~274쪽 참조.

45 동아시아 전통 우주론에 따르면, 우주 내 만물의 변화 운동은 오행五行의 원리에 따라 전개된다. 그러나 오행이 어디에 어떻게 적용되느냐에 따라 오운五運과 육기六氣가 나타난다. 오행이 하늘의 운행이법으로 작용할 때, 그것을 우리는 오운이라 부른다. 반면 하늘의 오운이 지구에 작용할 때, 그것을 육기라 부른다. 왜 지구에서는 오운에 대응하는 오기五氣가 아니라 육기六氣가 작용할까? 그것은 본문에서 지적한 것처럼 지구의 축이 23.5도 경사진 데서 비롯된다. 이에 대해 보다 상세한 설명을 원한다면 『우주변화의 원리』, 54~172쪽을 참조하기 바란다.

‘조화’를 상실한 미성숙하고 불안정한 세상이 된다. “선천에는 상극의 이치가 인간과 사물을 맡았으므로 모든 인사가 도의道義에 어그러지고”(『도전』 4:16:2) 천지인天地人과 신명계 모두가 조화와 균형을 상실한 ‘깨어진 세계’로 바뀐다.

그러나 이와 같은 조화와 균형의 상실은 만물의 변화 운동을 위해서는 어쩔 수 없는 일이다. 사물이 고정되거나 안정된 상태에서는 ‘변화의 역동성’을 기대하기 어렵기 때문이다. 생명 현상에는 역동성과 안정성이 주기적으로 되풀이 된다. 한번 성盛하면 한번 쇠衰하고, 한번 움직이면 한번 머문다. 우주 봄·여름에 해당하는 선천 세상에서 만물의 변화 운동, 모든 생명 활동은 ‘격렬한’ 생장生長을 목적으로 한다. 이러한 목적을 위해 변화의 역동성이 요구되며, 변화의 역동성을 위해서는 음양, 천지, 상극–상생 간의 부조화, 불균형이 전제될 수밖에 없다.

결국 우주변화 원리라는 측면에서 볼 때, 자연계에서 일어나는 생장 과정, 문명 세계의 모순과 비극, 개개인의 불행과 고통은 지축의 경사에 따라 상극 원리가 우주를 지배함으로써 일어나는 조화의 상실에서 비롯된 것이라 할 수 있다.

자연계와 인간계의 상극

선천 세상에서 상극이 지배한다 함은 무엇보다 인간과 문명계에 해당하는 말이다. 자연계에서도 상극이 지배하는 것은 사실

이다. 그러나 상극은 앞서 보았듯이 생명의 생장과 분열을 위해서
필수적이다. 생명이 태어나 성장하기 위해서는 어쩔 수 없는 일
이다. 분만 시 태아는 죽음의 위험을 무릅쓰고 어머니의 비좁은
'산도産道'를 뚫고 나와야 한다. 그것도 빠른 시간에. 잠시라도 지
체되면 산소 공급이 막혀 태아는 죽거나 치명적인 장애를 입게
된다. 이처럼 생명체는 태어나는 순간부터 죽음이라는 장애와 맞
서 싸워야 한다. 이것이 상극 속에 담겨 있는 '긍정적'인 의미, 곧
'극복과 이겨냄'의 원리다.

겨울이 지나고 봄이 오면, 들판은 다양한 색깔의 풀꽃들로 '화
려한' 생명의 축제를 시작한다. 그러나 그 화려함 뒤에는 삶을 향
한 처절한 몸싸움이 숨겨져 있다. 증산도 종도사 안운산은 자연
계의 치열한 생존경쟁을 이렇게 그리고 있다.

> 선천 봄여름의 생장生長시대는 분열·발달만 자꾸 거듭하기 때
> 문에 자연적으로 상극이 사배四配하게 된다. 우선 알기 쉽게,
> 나무를 보면 절대 가로로 퍼지지 않는다. 서로 태양을 흡수해
> 살아남으려고 그냥 경쟁적으로 자꾸 상향上向으로 크기만 한
> 다. 조그만 나무는 밑에서 살지를 못한다. 태양 볕을 받지 못하
> 고, 영양 섭취를 못해 고사해 버린다.[46]

생명은 '타이밍timing'이다. 시간과 기회를 놓친 생명은 삶을 허
용 받지 못한다. 다른 풀보다 뒤늦게 싹을 틔운 풀은 다른 풀의 그

---

46 『춘생추살』, 134쪽.

늘에 가려 제대로 자라날 수가 없다. 살기 위해서는 햇볕과 땅을 먼저 차지해야 한다. 적자생존, 약육강식, 우승열패는 생장의 원리가 지배하는 우주의 봄·여름에는 피할 수 없는, 생명질서의 철칙鐵則이다. 그것은 만물의 생장을 목적으로 하는 상극 질서가 지배하기 때문에 나타나는 자연의 필연성이다.

'동물의 왕국'에 나오는 것처럼 죽고 죽이고, 먹고 먹히는 동물 세계의 혈투는 인간이 보기에도 소름이 끼친다. 사자들이 소 떼를 공격한다. 한 마리 어리거나 병약한 소를 표적 삼아 여러 마리 사자가 한꺼번에 달려든다. 사자의 공격은 치고 빠지는 전술로 파도처럼 쉼 없이 이어진다. 마침내 지치고 상처 받은 송아지는 사자의 먹잇감이 되고 만다. 어미 소가 달려와 주위를 맴돈다. 얼마

후 체념한 듯 자리를 뜬다. 안타깝고도 안타깝다. 천지자연은 이다지도 비정한 것인가.

그러나 자연계에서 볼 수 있는 상극 질서는 현상적인 차원에서 벌어지는 일이다. 그 이면에는 상생相生 또는 공생共生의 생명 원리가 은밀히 작동하고 있음에 주목해야 한다. 사자가 병약한 소를 공격함으로써 소라는 종種은 보다 강인한 종으로 진화할 수 있다. 뿐만 아니라 사자들은 일정 지역에 사는 소 떼의 개체수를 조절하는 기능도 수행한다. 일정한 초지草地가 감당할 수 있는 소의 개체 수는 한정되어 있다. 이러한 한계를 넘어서게 되면 순식간에 소 떼 전체의 멸종을 초래할 수 있다. 사자는 소의 개체수가 일정 수준을 유지토록 함으로써 소의 멸종을 막는데 기여한다.

반면 인간계에서는 자연계와는 비교가 되지 않을 정도로 상극 질서가 '무자비'하게 작용하는 경향이 있다. 증산도 종정 안경전은 상극 질서가 인간계에 어떤 결과를 초래했는지를 이렇게 밝힌다.

선천의 상극질서는 인간의 삶과 문명에 부정적인 결과를 초래하였다. 즉 문명과 문명, 인간과 인간 사이에 상호경쟁과 격렬한 대립을 야기하여 온갖 시비와 참혹한 전쟁을 불러일으켰다. 지난 인류 역사를 돌이켜 보라. 얼마나 많은 사람들이 약육강식

자연계에서는 적어도 불필요한 살생은 일어나지 않는다. 인간들처럼 자신들의 '알량한 이익'을 위해 종 전체를 멸종시키지도 않는다. 포식한 사자는 더 이상 사냥을 하지 않는다. 재미삼아 죽이는 법도 없다. 그러나 문명 속의 인간은 다르다.

인간에게는 소유를 위한 소유, 지배를 위한 지배, 파괴를 위한 파괴에 도취하여 쾌감을 즐기는 경향이 적지 않다. 인간의 경쟁, 축적, 지배, 파괴 및 공격 욕구는 그 한계를 알지 못한다. 그러한 욕구를 '광기狂氣'라 부른다. 문명사 전체가 광기의 산물인지도 모른다. 이러한 문명의 광기가 구조적으로 원한을 증폭시킬 수밖에 없지 않겠는가.

앞에서 지적했듯이 선천 세상에서 상극 원리의 지배는 생명체의 분열 성장에 필수불가결한 요소다. 어떤 생명체나 집단을 막론하고 주위 환경이나 적대자를 극克하지 않고서는 살아남지 못한다. 물론 인간 세상에도 자연계와 마찬가지로 상극의 '긍정적' 측면이 여전히 작동하고 있다. 그러나 이와 동시에 상극의 '부정적' 측면이 인간계에서는 더욱 뚜렷하게 드러나고 있다.

왜 이제까지 인간은 고통과 불행, 전쟁과 재앙의 늪에 빠져 허

---

47 『개벽실제상황』, 56쪽.

우적거리면서 선보다는 악에 치우친 삶을 살아 왔는가? 인간은 왜 자신이 원하는 바를 이루지 못하고 자신의 역량을 제대로 발휘하지 못한 채 바둥거리며 살다가 허무하게 죽을 수밖에 없는가? 근대 서구의 휴머니즘humanism(인간중심주의)은 자연과 신에 맞서 인간 자체가 자연과 역사의 '주체主體(subject)'임을 선언한 바 있다. 그러나 인간이 우주 내의 중심 존재로서 그처럼 자유롭고 합리적이며 도덕적이며 자랑스러운, 그처럼 '위대한' 존재일까?

시시각각 인류의 생존을 위협하는 생태계 위기 등 각종 재앙에 직면한 현대인은 보다 '겸손한' 인간관을 갖출 필요가 있다. 물리적으로 인간은 대우주 속에 존재하는 구우지일모九牛之一毛(많은 소들 가운데 터럭 하나)와 같이 하찮은 존재일지도 모른다. 문명의 역사도 마찬가지다. 60억 년에 달하는 지구 생성의 역사에서 문명이 차지하는 시간이라고 해보았자 1만여 년에 지나지 않는다. 그러하니 그 속에서 삶을 영위하는 인간의 '우주사적 위치'란 얼마나 보잘 것 없는 것인가. 이처럼 미미한 존재에게 대우주적 차원, 전 지구적 차원에서 일어나는 변화는 그것이 아무리 작은 것이라 해도 엄청난 파장을 미칠 것이다.

대우주는 태초 이후 완벽한 변화의 질서 가운데 운행을 계속해 왔다. 물론 무질서가 발생하기도 한다. 그러나 대우주 속에서 무질서는 질서 속에서 일시적이며 우발적으로 일어나는 현상에 불과하다. 우주는 크게 보면 무질서의 영향에도 불구하고 시공 질서 상의 '항상성恒常性'을 유지하는데 탁월하다. 우주를 '코스모스cosmos(질서)'라 부르는 것은 이 때문이다.

그러나 선천은 지축이 23.5도 기울어져 있다. 이 때문에 상극이 지배하고 상극 때문에 원한이 쌓여 증폭되고, 또한 원한 때문에 인간의 본격적인 타락과 불행이 시작된다. 오행설에 따르면, 인간은 원래 하늘의 기운인 오운五運을 받고 태어난다. 하늘을 닮은 인간은 조화롭고 완전한 품성을 지닌다. 그러나 지축이 기울어져 이 땅 위에 육기六氣가 지배함으로써 인간의 몸과 마음은 병들고 뒤틀리기 시작하는 것이다.[48]

인간의 잔혹성

인간의 잔혹성을 연구한 프롬E.Fromm은 인간의 공격성을 두 가지 형태로 나누었다. 하나는 '양성良性 공격'으로 인류에게 계통 발생적으로 형성된 방어 공격이다. 적의 공격으로부터 개체나 집단을 보존하기 위한, 최소한의 자연스러운 공격성이다. 이런 공격성을 갖추지 못하다면, 자연 속에서 개체나 종은 사라지고 말 것이다. 인간 세상도 마찬가지다. 최소한 인간으로서의 생명과 품위를 지키려면 외부의 부당한 공격으로부터 자신을 지킬 줄 알아야 한다. 방어적 공격력을 지니지 못한 민족은 역사 무대에서 퇴

---

48 『우주변화의 원리』, 268~289쪽 참조.

출당할 수밖에 없다. 형법에서 양성 공격이 '정당방위'라는 일종의 '보편적 권리'로 인정되고 있는 것도 이 때문이다.

반면 '악성惡性 공격', '변태성 공격'이 있다. 그것은 공격을 위한 공격, 파괴를 위한 파괴 행위다. 악성 공격의 대표적인 것으로는 '가학증sadism'과 '네크로필리아necro-philia' 그리고 '복수의 충동'에 따르는 지칠 줄 모르는 공격성을 들 수 있다.

새디즘이란 상대방을 괴롭힘으로써[능동적 새디즘] 또는 괴로워하는 모습을 보면서[수동적 새디즘], 쾌감을 즐기는 병적 공격성이다. 새디즘은 가해자와 피해자 모두를 망친다. 가해자는 피해자에게 무한한 절대 권력을 행사하려고 든다. 괴롭힘의 강도는 점점 심해진다. 나중에는 생사여탈권까지 행사하는 지경에 이른다. 새디즘은 다른 대상에 대한 무한한 지배 욕구와 맞물려 있다. 자신의 의지대로 상대방을 괴롭히기 위해서는 상대방을 철저히 지배해야 하기 때문이다. 가해자는

1937년 남경대학살.
30만명 이상의 중국인이 살인병기로 전락한 일본군에 의해 학살 당했다.

'이래서는 안 되는데'라고 스스로 괴로워하면서 피해자를 괴롭힌다. 가해자 자신이 괴롭힘이란 행위에 중독되는 것이다. 반면 가학의 희생자들도 괴롭힘이 반복되면서 – 일종의 관성의 작용으로 – '매조키즘masochism'에 중독된다. 새디즘과는 반대로 상대방으로부터 고통을 받음으로써 쾌감을 느끼는 병적인 심리상태가 형성되는 것이다.

네크로필리아necro·philia는 글자 그대로 '죽은 것(네크로)'에 대한 '집착(필리아)'이다. 산 것을 생명 그대로 사랑하지 못하고 축적하고 소유함으로써 애정을 대신하는 행위다. 영원히 자기 것으로 하기 위해서는 죽인 다음 박제로 만들어야 한다. 산 것을 갈가리 찢어 분해한 뒤 소유해야 한다. 네크로필리아는 시간屍姦이나 토막 살인의 형태로 나타난다.

프롬은 이러한 광기가 현대 자본주의 사회에 만연된 광적인 소유 및 축적 욕구와 맞물려 있다고 진단했다.[49]

복수심에 의한 지칠 줄 모르는 공격 또한 지나칠 수 없는 문제다. 복수심에 의한 공격성은 비단 현대사회에만 국한되지 않는, 인간의 보편적 심성 가운데 하나로 보인다. 복수에는 '원수와는 한 하늘 밑에 살 수 없다'는 가해자에 대한 존재 부정과, '마음의 상처를 씻는다'는 보상 심리가 깔려 있다. 명작 드라마나 소설 가

---

49 Fromm, Erich 저, 유기성 역, 『파괴란 무엇인가』, 서울: 홍성사, 1972 참조.

운데 복수를 소재로 삼은 것이 적지 않다. 관중이나 독자들은 억울하게 당한 피해자가 정당한 복수극을 펼칠 때 감격의 눈물을 쏟아내며 환호한다. 대리만족에 빠지는 것이다.

"인간이 있는 곳이라면 복수가 있다. 복수란 생명체의 본능이다."[50] 형벌은 순화된 복수이자, 제도화된 복수다. 그러나 복수에 과도한 감정의 무게가 실리면서 복수가 광기로 변할 때, 사회는 살벌해진다. 보복 공격은 흔히 방어적 공격과 혼동되어 정당화되기 쉽다. 일단 보복이 시작되면 '이에는 이, 눈에는 눈'이라는 정당한 보상의 원칙은 쉽사리 무너진다. 보복자가 막강한 권력을 행사할 수 있다면, 받은 만큼 되돌려 주는 선을 넘어 피被보복자를 '초토화'하기 일쑤다.

여치呂雉(기원전 241~180)는 한 고조 유방의 아내로 중국 역사에서 처음으로 권력을 장악한 황후다. 여치는 대범하고 지혜로웠지만 잔인했다. 한신과 장자방과 소하와 더불어 여치가 없었다면, 유방이 항우를 꺾고 황제의 자리에 오르기 어려웠을 것이다. 천하 통일 이후 유방의 생존시에는 미리 유방의 의중意中을 읽어 내어 한신과 같은 개국 공신들을 제거하는 데 앞장섰다. 유방이 죽고 난 뒤 권력은 그녀의 손아귀에 들어온다.

권력을 장악한 여치는 잔인한 보복전에 들어갔다. 우선 한 고

---

50 전재경, 『복수와 형벌의 사회사』, 서울: 웅진, 1996, 16쪽.

조가 총애하던 척부인에게 보복 했다. 여치는 척부인의 머리카락을 모두 자르고 수족에 수갑과 족쇄를 채워 죄수복을 입힌 다음, 궁궐 안 궁녀 감옥인 영항永巷에 가두고 하루 종일 방아를 돌리게 했다. 그녀의 피맺힌 울부짖음이 궁 안에 메아리쳤다. 그것으로 성이 차지 않은 여치는 척부인의 사지를 모두 자르고, 눈을 파내고 귀를 멀게 했으며, 약을 먹여 벙어리로 만들었다. 그것도 모자라 그녀를 돼지우리에 던져 넣고 '인간 돼지'라 불렀다. 인간의 복수심이 절대 권력과 맞물릴 때, 그 비정함은 이처럼 상상을 초월한다.[51]

전쟁과 상극, 초토화焦土化 작전

클라우제비츠C. v. Clausewitz는 '전쟁은 정치의 연장'이라는 유명한 명제를 남겼다. 전쟁이란 주어진 정치의 연장으로 정치적 목적이나 의지를 달성하기 위한 수단이라는 뜻이다. 일방의 정치적 의지를 상대방에게 강요하기 위한 여러 수단들 가운데 하나라는 것이다. 그러나 동서양 전쟁사 가운데는 모든 것을 죽이고 불태우고 파괴하는, 즉 파괴와 살육 자체가 목적인 '초토화 작전'도 드물지 않게 일어났다. 고대 전쟁에서는 일종의 복수의 방법이자 상대방의 보복을 미연에 방지하기 위해 모든 남성을 죽이고, 도시들을 불태워 없애 버리는 무자비한 수법도 종종 사용되었다.

---

51 장유유 저, 허유영 역, 『황제 배후의 여인』, 서울: 에버리치홀딩스, 2005, 15~44쪽 참조.

기원전 146년 마침내 카르타고를 정복한 로마군은 전 주민 대부분을 죽이거나 노예로 끌고 갔으며 경작지에는 소금을 뿌려 다시는 사람이 살 수 없는 불모의 땅으로 만들었다. 칭기스칸의 몽골 기병 또한 무자비한 초토화 작전으로 악명이 높다. 몽골 기병은 중국에서의 경험을 토대로 화공과 공성에 능했다. 또한 가축을 몰듯 적을 몰았으며, 도축屠畜하듯 능숙하게 도륙했다. 여섯 가지 항복 조건[六事] 가운데 하나라도 충족되지 않으면, 몽골군의 가차 없은 '싹슬이'가 시작되었다. 저항하거나 반항하는 자에게는 파괴와 죽음만이 기다리고 있었다.

1937년 12월 남경에서 일본 '황군皇軍'에 의한 대학살극이 자행되었다. 포로로 잡힌 2만여 중국군과 30여 만의 주민이 잔혹하게 학살당했다. 6주간 벌어진 학살극에서 수많은 부녀자들이 강간당한 뒤 살해되었다. 갓난아기들조차 총검술 연습의 표적으로 쓰일 정도였다. 당시 일본군은 단위 부대 별로 '학살 및 강간 시합'을 벌인 것으로 전해진다. 그러나 더욱 충격적인 것은 학살에 참가한 장병 대부분이 그 후 전혀 죄의식을 느끼지 못했다는 사실이다. 그들은 철저한 군국주의 및 인종차별 교육을 통해 인간성마저 잃고 '살인 병기'로 전락했던 것이다.

아우슈비츠의 비극을 다시 생각해 본다. 당시 600만에 이르는 유대인들이 갖가지 방식으로 살해되었다. 그것은 인류가 고안해

낸 온갖 '과학기술적' 방법이 총동원된 인류 학살의 실험장과도 같았다. '인권과 민주주의의 본 고장'이라는 서유럽에서 어떻게 이런 일이 발생할 수 있었는가? 인간이 같은 인간에게 어떻게 이런 일을 저지를 수 있었는가? 그것은 비단 독일에만 국한된 문제였던가? 미국, 영국을 비롯한 연합국 측에서 저지른 학살은 왜 전혀 문제 삼지 않는가? 전쟁에 이겼기 때문일까? 문명비판가들은 서구 문명 자체에 이미 비극의 불씨가 구조적으로 잉태되어 있었다고 주장한다. 핵전쟁이야말로 파괴와 살육을 향한 광기의 결정

1945년 히로시마 원폭 이후 모습. 교만과 잔포의 과학기술 문명

판이다.

증산상제는 서구 과학기술 문명이 지닌 파괴성과 야만성을 이렇게 고발했다.

원한으로 괴로워하는 것이 어디 사람뿐이랴

무엇보다 인간의 삶과 직접 관련된 가축이 당하는 괴로움을 생각해보라. 가축뿐 아니라 천지 가운데 살아 숨 쉬는 뭇 생명들이 원한으로 괴로워하리라. 산과 들, 강과 바다, 모든 생명체들이 원한으로 고통당하고 있으리라. 인간 하나 편하자고, 개발이란 명목으로, 돈이 된다는 이유로 마구 파헤쳐지고 더럽혀진 산하. 심지어 버러지 같은 미물일지라도 원한으로 괴로워하지 않는다고 장담할 수 있을까. 옛 아낙들은 뜨거운 물을 함부로 버리지 않았다. 반드시 식힌 다음에야 버렸다. 그 작은 생명을 배려하여 '차마' 버리지 못했다.

상극이 지배하면 반드시 원한이 일어난다. 더욱이 지금은 우주의 가을로 넘어가는 여름철의 끝자락에 와 있다. 이 때 만물은 분열과 성장의 극치를 보여준다. 그러나 분열·생장 과정은 상극 원리의 지배 때문에 무수히 많은 생명체들의 희생과 죽임을 동반하지 않을 수 없다. 그러나 패배와 희생, 굴종과 모멸, 죽임과 파괴로부터 원한이 일어난다. 생명을 영위하는 과정 자체가 원한을 발생·지속·확장·증폭시키는 구조로 이루어지는 것이다.

결국 지축의 경사로 상극의 원리가 자연을 비롯한 인간의 삶 곳곳에서 드러나는 선천 세상에서 원한의 누적과 증폭은 피할 수 없는 일이다. 특히 상극이 문명 질서의 원리로 작동하고 있는 한, 원한의 발생과 증폭은 피할 수 없는 일이다.

Chapter 4

원한의 역사적 발단

원한에 관한 최초의 역사 기록은?

우리는 선천 세상에서 고통과 불행의 근원이 상극의 지배에 따른 원한의 증폭에서 비롯되었음을 원리적으로 살펴보았다. 그렇다면 인류 역사에서 원한은 언제 어떻게 시작되었을까? 역사에 '원한에 관한 최초의 기록'이 남아 있다면, 그것은 과연 무엇일까? 기독교에서는 인류의 고통과 타락이 '인류의 시조' 아담의 원죄에서

비롯되었다고 가르친다. 반면 동아시아 역사 기록에서 고통과 불행의 근원인 '원한의 발단發端'을 찾는다면, 어디서 찾을 수 있을까?

이야기는 4,300여 년 전 요순시대에 살았던 '단주丹朱'가 원한을 품게 된 사건으로 거슬러 올라간다. 그러나 이 대목에서 의문이 하나 떠오른다. 왜 원한 문제를 다루면서 굳이 '신화神話시대'에 해당하는 중국 고대사를 들먹여야 하는가? 중국인이 동아시아의 중심 민족이며, 중국사가 인류의 보편사라도 된다는 말인가? 여기서 잠시 중국 고대사를 바라보는 '편협한' 시각을 교정할 필요가 있다.

결론부터 말하자면, 적어도 요순시대와 요순시대 이전의 중국 고대사를 한족漢族만의 역사로 좁게 해석할 필요는 없다는 것이다. 신화시대를 포함하는 중국 고대사를 동이東夷를 비롯한 동아시아 여러 민족 공동의 역사로 재조명할 길은 없는가? 그것은 한족漢族의 원류로 알려진 '화하華夏족'만의 역사가 아니라, 동이를 비롯한 여러 민족들과의 관계 속에서 새롭게 해석되어야 한다. 특히 한족韓族의 선조인 동이와 화하족 간에 오랜 세월 지속된 갈등 및 공존 관계라는 측면에서 새롭게 조명되어야 할 것이다. 이렇게 함으로써 '단주 이야기'는 한족漢族 중심의 역사관에서 벗어나 동아시아 고대사의 중대한 전환점으로 자리매김 될 수 있을 것이다.

문명화와 더불어 시작되는 원한의 역사

무릇 원한의 역사, 고통과 불행의 역사는 본격적인 문명의 태동과 더불어 시작된다. 사람들은 '문명화 이전의 사회'를 태청太淸사회(도가), 대동大同사회(유가), 황금시대(고대 그리스), 에덴동산(기독교), 원시공동체(맑시즘) 등 종교와 이념에 따라 다양하게 이름 붙여왔다. 그 사회들은 공통적으로 갈등과 투쟁, 억압과 차별, 소외와 불행 등으로 인간이 고통 받지 않는 조화로운 공동체, 아름다운 낙토로 그려진다. 자연의 위력 앞에서 인간은 무력했으며 물질적으로 넉넉하지는 못했을지라도, 사람들은 서로 아끼고 나누고 섬겼으며 함께 춤추고 함께 노래했다.

그러나 곧 이어 인류는 '낙원 상실'을 경험하게 된다. 동서양을 막론하고 대부분의 고대 신화들은 낙원 상실의 기억을 간직하고 있다. 그것은 '문명화 과정process of civilization'의 시작과 맞물려 있다. 문명화 과정은 인구가 늘고 생산과 분업이 발달하고 치수와 전쟁과 같은 대규모 사업이 진행되고 국가 제도 등이 발전하면서 본격화된다.

이런 과정을 통해 치자–피치자의 구분이 생겨나고, 신분·계급·계층·남녀 간의 차별이 제도화된다. '문명의 비극'이 잉태되는 것은 이 때부터다. 사람들 간의 관계에 경쟁과 갈등, 억압과 차별, 독

점과 수탈이 개입하여 바야흐로 원한의 역사가 시작된다.

동아시아 고대사에서 요순시대는 이러한 문명화 과정의 전환점으로 해석할 수 있다. 요와 순은 모두 대규모 치수와 전쟁을 조직하고 지휘한 본격적인 군주다. 문명화 이전의 이상사회를 상징하는 '삼황三皇' 시대를 넘어 '오제五帝'에 해당하는 요순堯舜시대로 접어들면서, 문명화 과정이 시작되고 그와 더불어 인간들 사이에서 고통과 원한의 역사도 본격화되었던 것이다.

이와 관련하여 증산상제는 전통 유가儒家에 의해 '이상화' 되어 온 요순시대의 '부정적 측면'을 이렇게 폭로한다.

단주의 비극과 그 의미

단주는 삼황오제三皇五帝 가운데 한 사람인 당요唐堯의 아들이다. 제왕의 맏아들로 태어났음에도 그는 제위를 잇지 못한다. 아버지 요는 단주가 '불초不肖(어리석다)하고 다투기를 좋아한다' 하여 제위를 물려주지 않고 대신 순舜에게 천하를 넘겨 주었다. 그러나 단주는 원래 고매한 인격과 웅지 그리고 뛰어난 능력을 갖춘 인물이었다. 그는 대동세계를 건설하려는 열망을 품고 당시 동이와 화하족 간의 끝없는 갈등과 분쟁을 끝막으려고 노력했다.

그러나 아버지 요임금은 이에 반대하여 부자 사이에는 다툼이 끊이지 않았다고 전해진다.[52] 요는 자신과 뜻이 다른 단주를 못마땅히 여겨 후계자로 인정치 않고 순에게 제위를 넘겨주었다. 뿐만 아니라 아름다운 두 딸 아황과 여영까지 순에게 주었다.

당요는 불우한 아들 단주에게 바둑판을 만들어 주어 웅지를 펼치지 못한 한을 삭이며 소일토록 했다. 바둑은 이렇게 하여 세상에 나온 것으로 전해진다. 그러나 원대한 이상을 품은 단주로서는 이것으로 맺힌 한이 풀릴 리 없었다. 그의 깊고 깊은 원한이 불씨가 되어 훗날 순의 갑작스런 죽음과 ― 두 딸이 강물에 몸을 던져 죽는 ― 소상강의 비극을 초래한다. 아황과 여영이 죽고 난 뒤 무덤가에는 핏빛으로 얼룩진 반죽, 즉 소상반죽이 자라나기 시작했다. 예로부터 이 지방에는 그 핏빛 얼룩이 그녀들이 한 맺혀

중국 하남성 복양시 단주묘에 있는 초라한 단주 사당(좌). 위패를 모셔 놓은 1층 내부(우). 중국 5천 년 모든 유적지 가운데 가장 초라하고 어둡고 버림받은 곳이 바로 이 단주 무덤과 사당이다.

52 『개벽실제상황』, 321쪽 참조.

흘린 피눈물 자국이었다는 전설이 전해온다.[53]

　역사에 잘 알려지지 않았지만, 단주가 깊은 한을 품게 된 사건은 왕위 계승을 둘러싼 평범한 정치적 사건에 그치지 않는다. 단주의 비극은 고통과 불행의 원인인 원한이 맺혀 쌓이기 시작하는 단초를 제공한다는 점에서 기독교의 '원죄'에 비견되는 중대한 사건으로 자리매김 되어야 한다. 단주의 원한은 우리에게 다음과 같은 시사점을 던진다.

　첫째, 단주의 함원含寃에 관한 기록은 첫째 역사상 부자간의 '천륜天倫이 어그러진 최초의 기록'이다.

　『도전』에서는 이렇게 밝히고 있다.

> 무릇 머리를 들면 조리條理가 펴짐과 같이 천륜을 해害한 기록의 시초이자 원寃의 역사의 처음인 당요의 아들 단주丹朱의 깊은 원을 풀면 그 뒤로 수천 년 동안 내려온 모든 원의 마디와 고가 풀리게 될지라. (『도전』 4:17:1~2)

　천륜이란 인륜人倫과는 달리 '하늘에서 맺어준 관계'로서 결코 파기하거나 어겨서는 안 될 소중한 관계다.[54] 전통적으로 조손祖孫, 부자, 모자, 부부, 형제, 자매 등 혈연관계가 천륜에 해당한다.[55]

증산도 종정 안경전은 천륜의 중요성을 다음과 같이 강조한다.

천륜이란 하늘이 맺어 준, 하늘과의 언약 속에서 이루어진 인연으로 어떠한 이유로도 되물릴 수 없는 절대적 관계를 말한다. 천륜은 모든 도덕적 가치의 근본이다.[56]

예나 지금이나 혈연관계에서 비롯된 원한은 지울 수 없는 상처를 남긴다. 사랑이 깊으면 미움도 깊다고 했던가. 가장 가까웠기에, 가장 사랑했기에 서로 갈라설 때는 역설적으로 증오나 보복심도 크고 깊을 수밖에 없다. 『도전』에서는 전쟁 가운데 특히 '가족 전쟁'을 경계하라고 가르친다.[57] 가족 전쟁에서 비롯된 원한의 기운은 너무나 강렬한 나머지 하늘에 사무쳐, 신명계까지 분란의 소용돌이에 휩싸이게 만들기 때문이다. 이러한 신명계의 분란은 거꾸로 인간계의 분란을 일으키는 계기로 작용한다.

그럼에도 동서양을 막론하고 가족 전쟁은 드물지 않게 일어난다. '가화만사성家和萬事成'이라 했지만, 가족 간에 화평을 일궈내는 일은 무척이나 힘들다. 가족 관계에 특히 권력이나 물질이 개입하면 격렬한 갈등으로 비화하기 쉽다. 고대 강국 고구려는 연개소문 아들 간의 권력다툼으로, 후백제는 견훤 부자의 갈등으로

을 수 없는 죄악으로 간주한다. 『도전』 2:106, 9:103 참조.

56 『개벽실제상황』, 79쪽.

57 전쟁은 가족 전쟁이 큰 것이니 한 집안의 난리가 온 천하의 난리를 끌어내느니라. (『도전』 3:164:6)

멸망했다. 태종 이방원은 이복동생들을 참살했고, 세조는 조카인 단종과 그의 비에게 사약을 내렸다. 인조는 소현세자를 독살했고(인조는 후환이 두려운 나머지 소현세자의 세 아들 — 인조 자신의 친손자 — 마저 제주도로 유배 보냈다. 거기서 둘은 죽고 막내만 살아남는다), 영조는 자신의 아들이자 정조의 아버지인 사도세자를 뒤주에 가두어 비정하게 죽였다.

예나 지금이나 동서양을 막론하고 권력이나 재물을 둘러싸고 혈연 간에 죽이고 다툰 일이 한두 번이던가. '부자가 삼대三代를 가지 못한다', '창업은 오히려 쉬우나 수성이 어렵다'는 말이 있는데, 그 원인 가운데 하나도 가족 분쟁이 아니겠는가. 혈연 간의

천륜을 파괴하는 행위는 이처럼 원한을 증폭시키는 중대한 일이다.

둘째, 단주의 한은 이후 유가에 의한 '사실史實 왜곡'으로 더욱 깊어졌다. 유가에서는 전통적으로 단주를 불초하고 반反인륜적인 인물로 낙인찍어 멸시해 왔다. 이로써 단주의 억울함은 역사를 통해 바로잡히기는커녕 더욱 깊어만 갔다.[58]

유가의 사실 왜곡은 역사 왜곡의 심각성을 일깨워준다. 역사는 승자와 강자의 시각에서 기록되기 일쑤다. 역사 속에서 패자敗者와 약자는 자신을 변명할 권리마저 주어지지 않는다. 이처럼 약자와 패자의 원한과 억울함은 역사를 통해 해소되기는커녕 오히려 증폭될 뿐이다. 역사철학자 카E. H. Caar는 역사에서의 진리는 역사에서 성공 여부, 승패 여부에 따라 검증된다고 말했다.[59] 어떤 이념이나 집단이 제아무리 그 명분이 옳더라도 현실 역사에서 패배한다면, 역사적 진리로 인정받지 못한다는 '비정한' 말이다.

지난 반세기 동안 일본은 종군 위안부 문제와 관련해 한국 등 약소국의 목소리에는 전혀 귀 기울이지 않다가, 2007년 미국 의회가 이를 문제 삼자 바짝 엎드려 저자세를 보이기 시작했다. 역

---

58 『도전』 4:30 참조. 여기서 증산상제는 단주에 대한 전통 유가의 사실 왜곡을 조목조목 반박하고 있다.
59 Caar 저 김택현 역, 『역사란 무엇인가』, 서울: 까치, 1990 참조.

사는 이처럼 강자와 승자 중심으로 돌아가며 약자와 패자敗者에
게는 냉혹하기 짝이 없다. 중국의 '동북공정'에 따른 고구려사
왜곡 문제도 마찬가지다. 얼마 전만 해도 중국에서는 고구려사를
변방에 위치한 '동이의 역사'로 취급해 왔다. 고구려사는 한족漢
族 중심의 '정사正史' 밖의 오랑캐 역사로 분류되었다. 그러나 국
력 신장에 따라 부활하는 중국의 '제국주의적' 팽창 정책은 변
방의 '오랑캐 역사'마저 자신의 역사로 편입하는 방향으로 가닥
을 잡고 있다. 역사를 '강자에 의한, 강자를 위한, 강자의 역사'라
고 하면 지나친 말일까.

셋째, 단주 이야기는 마지막으로 '여성의 비극'을 시사한다. 유
가는 전통적으로 요순시대를 이상사회로 간주해 왔다. 그러나 이
시대는 ─앞서 지적했듯이 ─ 조화와 평등이 넘치는 이상사회로부터
불평등과 분열이 일기 시작하는 문명사회로 이행하는 전환기로
보아야 할 것이다. 요순시대에는 이미 전쟁과 치수 같은 대규모의
집단적 사업이 진행되고 있었다. 이는 국가 제도, 치자와 피치자,
신분 질서, 가부장제, 노예 제도와 더불어 '남녀차별'이 시작되었
음을 알리는 뚜렷한 징후가 아니겠는가.

아황과 여영의 비극은 이러한 사회적 맥락에서 이해되어야 한
다. 고대 중국에는 '잉첩媵妾' 제도가 있었다. 잉첩이란 여자가 시
집갈 때 함께 데리고 가는 조카딸이나 여동생을 말한다. 잉첩 제

도는 전국 시대에 일단 없어졌지만, 변형된 제도는 20세기까지도 존속했다. 자매가 한 남편을 섬기기도 하고, 시집갈 때 하녀를 데리고 가는 것이 잉첩의 유습이다. 요임금의 큰딸 아황이 시집가면서 잉첩으로 자매인 여영을 데리고 갔다. 무엇 때문일까? 남편의 즐거움을 위해서다. 어차피 첩을 데려와야 한다면, 자신과 가까운 사이인 자매나 조카딸이 그나마 조금은 위안이 되었을 터이다.[60]

순이 급사하자 아황과 여영도 따라 죽는다. 이는 여성이 '남성의 소유물'이었음을 시사한다. 여성의 소유자인 주인이 죽으면, 소유물인 여성도 따라 죽든가 다른 사람에게 양도된다. 과거 중국에서 남편이 죽으면, 그 아내가 남편의 형제나 심지어 시아버지에게 넘겨지는 경우도 드물지 않았다. 아황과 여영이 남편을 따라 죽은 사건은 남성 중심의 가부장 제도에 의한 여성 차별이 이미 심각하게 진행되었음을 알려 주는 뚜렷한 사례가 아니겠는가.

단주가 인류 원한의 실마리라면, 아황과 여영은 여성의 한이 쌓이기 시작한 단초라 해석할 수 있다. 여성의 원한은 남성 중심의 문명 질서가 자리 잡으면서 본격적으로 시작되었던 것이다.

결국 단주가 원한을 품은 사건은 — 제2장에서 지적한 대로 — 원한의 지속성, 확장성, 자기파괴성 및 증폭성 등을 예시한다. 단주

---

60 이영자, 『중국여성 잔혹풍속사』, 서울: 에디터, 2003, 33~68쪽 참조.

의 원한에서 비롯된 순 임금의 죽음과 두 딸의 비극은 원한의 확
장성을 말해준다. 그의 원한은 시대를 이어가면서 누적·증폭을
거듭하면서 오늘에 이르렀다. 단주와 관련된 기록은 한 사람의
원한이 얼마나 끈질기며, 얼마나 넓게 퍼지며, 또 어떻게 증폭되
는지 보여 주는, 역사적으로 기록된 최초의 사례다.

그러면 이제 인류의 절반에 해당하는 여성의 '역사적 원한'을
다루기로 하자.

Chapter 5

아, 선천 여성의 원한이여!

가부장제와 여성

세상의 절반이 여성이다. 그러나 지난 수천 년 동안 여성은 결코 인간다운 대접을 받지 못했다. 증산상제는 선천 세상에서 여성이 지니는 원한의 심각성을 이렇게 경고한다.

여자의 원한이 천지에 가득 차서 천지운로를 가로막고 그 화액이 장차 터져 나와 인간 세상을 멸망하게 하느니라. (『도전』 2:52:2)

그렇다면 이러한 여성의 원

한이 지속 증폭될 수밖에 없었던 사회적 원인은 과연 어디에 있는 것일까?

엥겔스F. Engels에 따르면, 인간의 가족 제도는 원래 모계사회에서 출발한다.[61] 모계사회란 여성이 가장이 되고 어머니로부터 딸로 가계가 이어지는 가족 제도다. '데릴사위'제가 모계사회의 유습이라 할 수 있다. 여성들이 주도하는 모계사회는 평화로웠다. 공동체 구성원들 간에 분업이 이루어졌지만, 분업이 차별로 이어지지는 않았다. 직업에는 귀천이 없었다. 사유재산 제도도 발달하지 않았다. 구성원들은 공동으로 소유하고 생산하고 분배 받았다.

여성의 생식력生殖力과 성성性과 경제력이 남성에게 의존되거나 통제 받지 않았다. 여성은 자율적인 존재였으며 '신성시'되기까지 했다. 출산出産은 경이롭고도 신비로운 일이었다. 남성에 비해 여성은 ─ 생명을 탄생시킨다는 점에서 ─ 신神에 버금가는 창조력을 지닌 신성한 존재로 받들어졌다. 원시공동체에서 정신적 영적 지도자는 대개 여성이었다. 중요한 결정들이 신비한 직관과 통찰력을 지닌 여성 사제들에 의해 내려졌다. 오늘날까지도 세계 어디서나 '샤먼'은 대개 여성들이다. 모계사회에서 남신이 아니라 여신

---

61 Engels, Friedrich 저 김경미 역, 『가족, 사적 소유, 국가의 기원』, 서울: 책세상, 2007, 50~96쪽 참조.

이 최고의 숭배 대상이었던 것은 이런 이유에서다.

그러나 고대 국가가 등장하면서 부계사회가 모계사회를 대신하게 된다.[62] 고대 국가는 그 태동기부터 가부장제 유지에 혈안이었다. 고대 국가는 왕을 중심으로 하는 지배계급의 혈연적 유대 관계에 기초했다. 가족 질서는 어머니와 맏딸 중심에서 아버지와 '적장자嫡長子' 중심으로 재편되었다. 적장자란 정처正妻가 낳은 맏아들이다. 그리하여 가부장제 아래서 여성이 자리할 곳은 더 이상 없어지게 되었다. 여성은 한갓 후계자를 낳거나 남성의 지위나 능력에 의존하는 '기생적' 지위에 만족해야 했다. 고대 국가의 형성과 더불어 여성은 노예와 동일시되거나 남성과 노예의 중간적 존재로 전락했다. 노예奴隸의 '노奴' 자에 '계집 녀' 변이 들어있는 것은 그런 이유에서가 아닐까.

가부장제의 확립과 더불어 여성의 지위와 함께 여신女神의 지위도 전락했다. 남성 중심의 전제적 왕권이 출현하면서 지금까지 신성시되어 온 여신을 대신해 남신男神들이 등장했다. 이와 함께

---

62 예외는 있다. 그리스 신화에는 여성 전사로만 구성된 전설적인 '아마존 amazon' 왕국이 전해진다. 흑해 지방에 살았던 이들 여성 부족은 전쟁에 능했다. 일 년에 한 번씩 포로로 잡혀 온 외부 남자들과 동침하여 아이를 낳는다. 동침한 남자들은 거세하여 노예로 삼고, 남자아이들은 추방하거나 죽인다. 여자아이들만 전사로 키우는데, 오른쪽 가슴을 도려낸다. '아마존'이란 '가슴이 없다'라는 뜻이다. 왜 그랬을까? 오른쪽 가슴이 활과 창을 다루는데 불편했기 때문이라고 전해 온다.

신과 관련된 상징들이 여성적인 것에서 남성적인 것으로 대체된다. 여신을 중심으로 하는 다신多神의 평화로운 세계는 깨어지고, 그 대신 '분노·증오·복수·정복하는' 전제적인 남신이 등장한다. 이제 최고신의 이름은 '어머니'에서 '아버지'로 바뀐다.

여성과 여신의 지위가 전락함과 더불어 거의 모든 정신적 활동에서 여성이 배제되었다. 학문 활동과 종교적 행위는 남성이 주도하고, 남성의 언어와 남성의 시각을 통해 표현되었다. 여성적인 것을 철저히 배제한 학문과 종교는 남성만의 전유물로 바뀌었다. 역사는 여성의 시각을 배제한 채 '남성의 역사'가 되었다. '남성에 의한, 남성을 위한, 남성의' 정신 활동을 여성이 이해하거나 접근하기도 어려웠다.

마녀에 대한 고문과 화형.
15세기에서 18세기까지 400여년동안 마녀사냥으로 수백만명의 여성이 '마녀'라는 이름으로 희생되었다.

사유재산제와 여성

여성에 대한 통제와 억압은 가부장제와 더불어, 사유재산 및 계급사회의 출현과 맞물려 있다. 여성에 대한 남성의 통제란 여성의 생식력, 성, 재산 등에 대한 통제를 말한다. 물론 그 이전에도 여성에 대한 억압이 있었다. 그러나 여성에 대한 본격적인 억압은 여성 자신과, 여성의 성과 노동력이 사고 팔리는 교환의 대상으로 전락하면서 시작된다. 그것은 사유재산제 및 계급사회의 형성과 맥을 같이 한다.

가부장제와 맞물려 있는 사유재산제도는 여성의 업악과 통제에 결정적인 역할을 했다. 동서양을 막론하고 이러한 제도 아래서 여성은 남성의 전유물로 여겨졌다. 원래 원시공동체의 모계사회에서 여성들은 자유로웠다. 경우에 따라서 한 여성이 여러 남성을 거느리기도 했다. 여성 고유의 생식력과 성은 여성 자신이 자유롭게 결정할 수 있는 자율적 영역에 속했다. 그러나 남성 중심의 사유재산제도가 확립되면서 '상속권'이 중요한 문제로 자리 잡는다. 재산을 물려주기 위해서는 '친자親子 확인'이 중요해질 수밖에 없다. 적장자로 이어지는 부계사회에서 재산을 다른 혈통에게 물려줄 수는 없었기 때문이다.

따라서 여성들은 순결한 몸으로 시집 와서 정절을 지켜야 했다. 여성들은 늘 순결을 시험 받고 의심 받았다. 고대 사회에서는 맏

아들을 죽이는 경우가 많았는데, 이는 여성의 '혼전 순결'을 의심해서 생긴 비극이었다. 가문의 명예를 지키기 위해서 여성은 남편이 죽은 뒤에도 정절을 지켜야 했다. 정절을 지킬 자신이 없다면, '자진自盡'함이 마땅한 도리였다. 재혼이 허락되는 경우는 드물었다. 여성은 가부장 중심의 사유재산제 아래서 재산의 소유자가 아니라 '재산 목록' 가운데 하나에 불과했다. 여성은 사고팔거나 대여나 양도가 가능한 가축이나 물품과 다름없었다.

그리하여 여성은 남성에게 경제적으로 의존되고, 순종적으로 될 수밖에 없었다. 법을 비롯한 사회 규범들은 여성의 순결, 의존, 순종을 강요했다. 여필종부女必從夫, 삼종지덕三從之德[63], 칠거지악七去之惡[64] 등이 그 대표적인 사례다. 여성이 간통을 한 경우, 남성에 비해 무거운 형벌이나 극형에 처해졌다. 『성경』에도 간통한 여자를 돌로 쳐 죽이는 장면이 여러 차례 나온다. 뒤에서 보다 자세히 살펴보겠지만, 기독교에서는 전통적으로 여성을 죄악의 유혹에 빠지기 쉬운, 열등하고 사악한 존재로 간주해 왔다.

선천 세상에서 여성은 남성의 '완롱玩弄거리'와 '사역거리'에 지나지 않았다.[65] 완롱거리란 남자 마음대로 '가지고 놀 수 있는 장난감'이란 뜻이다. 여성은 오직 남성의 '성적 쾌락'과 출산과 노

---

63 여자는 아버지, 지아비 그리고 아들의 의사에 따라야 한다

64 시부모에게 불순종, 아들이 없음, 음탕, 질투, 나쁜 병, 말이 많음, 도둑질.

65 『도전』 4:59:2 참조.

동력을 위해 존재했다. 힘 있는 남자들은 여러 여자를 거느렸다. 이를 위해 처첩 및 기녀 제도가 존속했다. 정처의 사회적 지위는 그런대로 보장되었다. 그러나 첩의 지위는 노비나 다를 바 없었다. 가족 구성원으로 인정받지도 못했다. 첩은 사거나 팔고 대여할 수도 있었다. 남편이 첩에 대해 생사여탈권을 행사하는 경우도 있었다. 남성 노예에 비해 여성 노예의 지위는 더욱 비참했다. 여성 노예로는 관노官奴와 사노私奴가 있는데, 모두 성적 쾌락과 노동을 위해 혹사당해야 했다. 중죄를 저지른 죄인의 처와 딸이 관노가 되기도 했다.[66]

여성 전체가 무능하며 비이성적인 존재로 멸시되었다. 동아시아 문화권에서 남녀 관계는 음양 및 천지의 관계로 상징되었다. 원래 음양 및 천지는 체용 관계를 통해 상호 작용한다. 양자의 관계는 상호 의존적·보완적·지향적이다. 음과 양, 천과 지 가운데 우열을 가릴 수는 없는 법. 그것은 운동과 변화의 양면성이기 때문이다. 양은 음 없이, 음은 양 없이 성립될 수 없다. 이처럼 '상보적相補的'인 관계에서 어떻게 우열을 가릴 수 있겠는가.

생명 창조와 생장生長이란 관점에서 보면, 오히려 음의 역할이 양에 비해 더 우월한 것이 아닌가. 증산상제가 지적하듯 '양음'이 아니고 '음양'으로 표기되어 온 것은 음의 우선성과 우월성을 뜻

---

66 『중국여성 잔혹풍속사』, 89~99쪽 참조.

하는 것이 아닌가.[67]

　그러나 선천은 지축의 경사로 인해 양의 과항이 일어나고, 그 결과 음양 간의 조화가 깨어져 양이 음을, 하늘이 땅을, 남성이 여성을 눌러 이기는 세상이 될 수밖에 없었다. 이제 양자의 관계는 상보적인 것에서 우열, 강약, 선악의 관계로 고정되기에 이른다.

마녀사냥

　여성에 대한 차별과 억압을 극명하게 보여주는 사례는 서양 중세 이후 근대까지 지속된 '마녀사냥'이라 하겠다. 서양의 여성 억압은 '마녀사냥'에서 절정을 이룬다. 마녀사냥은 십자군 전쟁, 종교 전쟁, 인디언 학살, 노예 무역, 제국주의 전쟁, 유대인 학살 및 핵전쟁과 더불어 서구 문명이 저지른, 대표적인 '반反인륜 범죄'에 속한다. 마녀사냥은 15세기 초엽 중부 유럽에서 시작되어 전 유럽으로 퍼져 18세기 말까지 400여 년 동안 지속되었다. 희생자 수는 수백만으로 추산된다. '마녀'들은 매우 잔인한 방식으로 갖은 고문을 받고 교살되거나 교살당한 후 화형에 처해지거나 산 채로 화형에 처해지기도 했다.

　'마녀(독어: Hexe, 영어: witch)'란 원래 주술사이거나 비의秘義를 행하는 여성을 가리킨다. 기독교권에서 마녀는 저주나 주문에 능

---

67 "예전에는 억음존양이 되면서도 항언에 '음양陰陽'이라 하여 양보다 음을 먼저 이르니 어찌 기이한 일이 아니리오. 이 뒤로는 '음양' 그대로 사실을 바로 꾸미리라."(『도전』 2:52:4~5)

하고 다른 동물로 변신할 수도 있는 존재로 알려져 있다. 마녀는 그리스도에 대한 신앙을 저버리고 악마와 계약을 맺어 악마를 섬기고, 그 대가로 부여되는 마력을 사용한다. 빗자루를 타고 하늘을 날아 마녀 집회(사바트)에 참석하여 악마와 교접을 하며, 그 몸뚱이에는 악마의 손톱자국이 나 있다. 마녀는 대개 여성이었으나 남성(마녀 희생자 가운데 약 1/4)인 경우도 있었다. 심지어 어린아이나 동물이 마녀로 간주되기도 했다.

기독교 문명권에서 마녀사냥은 이단 및 '샤먼' 박해 등과 맥을 같이 했다. 원래 게르만 부족 사회에서 여성 샤먼은 영적 지도자였다. 그녀들은 주술과 예언 그리고 의술을 통해 부족 공동체를 정신적으로 이끌었다. 그러나 기독교가 들어오면서 샤먼에 대한 박해가 시작되었다. 초기에는 집단적인 박해는 드물었다. 그러

마녀에 대한 고문 장면

나 중세 이후 교황, 봉건제후, 법관, 대학교수, 철학자 등이 마녀에 대한 조직적인 탄압을 지시·계획·시행했으며, 마녀사냥의 이념을 조작해 민중에게 퍼뜨렸다. 14세기부터 시작된 마녀사냥은 당시의 시대적인 상황과도 맞물려 있다. 봉건제 말기 사회는 추위 엄습, 전염병의 확산, 인구증가, 사회경제적 위기, 종교개혁, 농민전쟁 등으로 해체 위기를 맞고 있었다. 지배계급은 위기를 타개하기 위한 방법의 하나로 희생양을 찾았다. 그것이 바로 여성의 죄악을 상징하는 마녀였다.

세상에는 종말의 어두운 그림자가 드리웠다. 삶은 불안했다. 언제 어디서 어떻게 죽을지 몰랐다. 사람들의 신경이 곤두서 있었다. 사람들은 서로를 의심했다. 그리하여 '집단광기'가 발동했다. 집단광기는 유럽을 넘어 신대륙에까지 퍼졌다. 지배계급은 이러한 집단광기를 이용해 자신들의 위기를 모면하려고 했다. 자신들에게로 향한 민중의 증오를 날조된 '마녀집단'에게 돌려 버린 것이다.

누군가 마녀라고 밀고하면, 당사자가 마녀라고 자백할 때까지 온갖 고문이 가해졌다. 마녀는 자신을 변호할 기회마저 주어지지 않았다. 심지어 화형에 쓰이는 경비마저 마녀 스스로 지불해야 했다.[68]

---

68 오성근, 『마녀사냥의 역사 - 불타는 여성』, 서울: 마크로, 2000; 쓰네오, 모리시

기독교의 반反여성주의

기독교는 국가 종교로 탈바꿈하면서 – 남녀평등과 여성해방을 외친 예수의 신약 정신과는 달리 – 반여성주의의 길을 걸었다. '정통 orthodox' 기독교의 반여성주의는 '이브'의 원죄에 그 이념적 뿌리를 두고 있다. 이브와 아담 모두 똑같은 원죄를 저질렀지만, 이브의 원죄가 더욱 알락한 것이다. 뱀[악마의 상징]의 꾐에 먼저 넘어간 이브가 아담을 유혹했기 때문이다. 반면 남자는 여자에 비해 하나님의 형상에 가깝다. 그러므로 여자는 남편과 함께 있을 때에야 비로소 하나님의 형상을 갖추게 된다. 이브는 아담의 갈비뼈로 만들어졌다. 따라서 온전한 인간이 되지 못한다. 여자는 '잘못 태어난 남자misbegotten male'일 뿐이다. 결국 기독교에 따르면, 여성은 남자에게 '태생적'으로 예속될 수밖에 없다는 결론에 이른다.

영육 이분법에 근거한 정통 기독교의 인간학에 따르면, 여성은 그 본성상 육체에 가깝다. 영이 하나님의 모상模像(imago) 이라면, 육은 탐욕과 죄, 즉 악마의 세계에 속한다. 이처럼 저급한 여성이 보다 영적인 남성을 유혹한다. 그러므로 '여자여, 그대의 죄가 많도다.' 따라서 여성에게는 더욱 엄격한 금욕이 강요된다. 남자에게 자극을 주지 않기 위해 몸을 철저히 동여매고 감싸고, 순결을

마 저 조성숙 역, 『마녀사냥』, 서울: 한민시스템, 1997 참조.

상징하는 '동정녀 마리아'의 이상에 따라 일체의 육체적 쾌락과는 거리를 두어야 한다. 따라서 가급적 결혼하지 않는 것이 최상의 방법이다.

남녀가 살을 섞어야 하는 육체적 결합 자체가 죄악이다. 악마와 원죄에서 비롯된 탐욕이 거기 깃들어 있기 때문이다. 결혼은 더 심한 죄악에 속하는 간통과 수음, 동성애와 수간을 막기 위해 '필요악'으로 허용되었을 뿐이다. 그나마 쾌락을 목적으로 하는 남녀의 결합은 모두 죄악으로 간주된다. 심지어 꿈속에서 행한 음행조차 '고해성사confession'의 대상이었다. 성적 결합은 최소한에 그쳐야 하고 그 목적은 오로지 생산生産에 두어야 했다.

여성의 몸, 정렬貞烈로 망하다

  이처럼 동서양을 막론하고 여성에 대한 억압과 차별은 너무나 당연시되어 왔다. 여성은 성적인 쾌락의 도구(완롱거리)나 노동력의 착취 도구(사역거리)나 다름없었다. 더욱이 여성에게는 가혹한 금욕주의가 강요되었다. 그리하여 『도전』에 나와 있듯이 '신망어열'의 비극이 지속되었다. 중국, 조선, 일본 등 동아시아의 여성들은 남편과 가문의 이름을 더럽히지 않기 위해 열녀라는 이름으로 자신의 몸을 망치고 자신의 목숨까지도 버려야 했다.

  증산상제는 열녀 문제가 지닌 '비인간적'인 측면을 이렇게 고발한다.

> 기유년에 하루는 어느 지방에서 '젊은 부인이 상을 당한 뒤에 순절殉節하였다.' 하거늘 상제님께서 들으시고 말씀하시기를 "악독한 귀신이 무고한 인명을 살해한다." 하시고 글을 써서 불사르시니 이러하니라.
>
> 忠孝烈은 國之大綱이라 然이나 國亡於忠하고 家亡於孝하고 身亡於烈하니라. (『도전』 2:135)[69]

조선조 사대부들은 선비 집안의 명예를 위해 평생 수절은 물론 죽음마저 강요했다. 이수광은 이렇게 쓰고 있다.

> 전쟁이 일어나면 여자들은 더욱 불행해진다. 적국의 병사들에게 유린당하는 일이 비일비재했고, 그렇게 불행을 당한 여자들은 가문의 명예를 실추시켰다고 쫓겨나기도 했다. 갈 곳이 없는 여자들은 자살을 택하는 수밖에 없었다. 병자호란이 일어났을 때 강화도가 함락될 위기에 처하자 수많은 양반가의 여인들이 목숨을 끊었다. 이 때 강화도에서 스스로 목숨을 끊은 사대부가의 여인들이 기록에만 60명이 훨씬 넘는다.[70]

사대부 집안 여성의 사정이 이러했으니 그 아래 신분에 속한 여성들이야 어떠했으랴. 가장 비참한 것은 '관기官妓'였다. 남편이 역신으로 몰리면 그 처첩과 딸들은 관기가 되었다. 수양대군이 정난을 일으켜 정권을 잡은 뒤 쟁쟁한 명문 세도가의 '정숙한' 부인과 딸들이 새 정권의 공신과 왕실에 노비로 하사되었다. 갑신

---

[69] "충효열은 나라의 큰 기강이니라. 그러나 나라는 충忠 때문에 망하고 집안은 효孝 때문에 망하며 몸은 정렬貞烈 때문에 망하느니라."

[70] 이수광, 『조선여인 잔혹사』, 서울: 현문미디어, 2007, 10쪽.

정변을 일으켜 수구파를 도살한 풍
운아 김옥균. 그의 아내도 관기가 되
었다. 관기들은 자신의 의사와는 상
관없이 관리들의 '수청守廳(관아를 지
키며 시중을 들다)'을 들어야 했다. 이
렇게 해서 태어난 아이들은 다시 관
노나 천민이 되고 그 딸은 기생이 되
어 어미의 업業을 이어받았다. 아비
된 자는 자신의 소생임에도 그 아이
들을 돌보기는커녕 거들떠보지도 않
는 것이 조선조 오백 년의 관습으로
이어져 왔다.

자본주의와 여성

우리가 살고 있는 자본주의 사회
라 해서 여성의 원한이 제대로 해소
되었다고 단언할 수 있을까? 여성이
선거권 및 피선거권, 참정권을 행사
하기 시작한 것은 채 백년도 되지 않
았다. 대의제 민주주의의 고향이라
는 영국에서조차 성인 여성에게 보

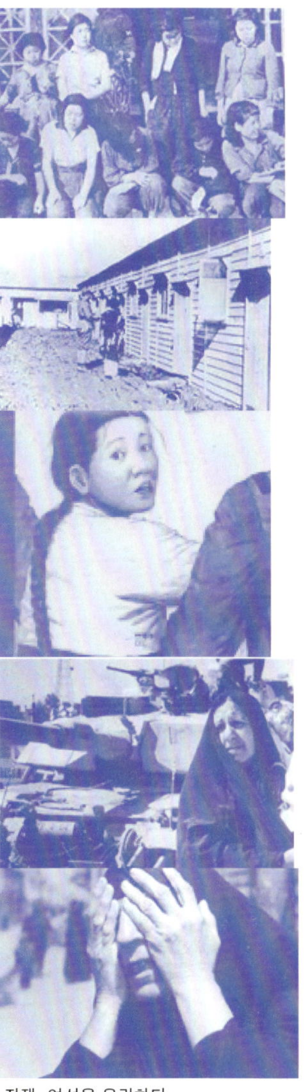

전쟁, 여성을 유린하다

통선거권이 부여된 것은 1928년에 이르러서이다. 현대 산업사회에서 눈에 보이는 여성 차별과 억압은 대부분 사라졌지만, 눈에 보이지 않은 차별과 억압은 여전히 남아 있다.

이 시대 여성 문제 가운데 하나로 '여성의 상품화'를 꼽을 수 있다. 과거에는 여성과 여성의 성이 관습과 인격적 종속 관계에 의해 통제?억압되었다면, 오늘날 여성에 대한 억압은 '성의 상품화'라는 간접적인 방식으로 진행된다. 현재 진행 중인 '다이어트'의 광기. 세상은 얼굴과 체형의 표준을 제시하고 여성들이 그것을 따르도록 은밀하게 강요한다. 여성들은 마치 자신의 의지에 따라 다이어트를 하고 있는 듯 착각한다. 매스 미디어와 광고 등 '보이지 않는' 힘에 의해 여성들의 마음과 몸이 기형화되고 있다. 이것이 성의 상품화가 전제하는 상품의 규격화, 표준화 과정이다. 여성의 몸은 이제 여성 자신이 아니라 소비자인 남성의 눈에 의해 마구 재단된다. 여성의 몸을 바라보는 남성의 시각 또한 성의 상품화가 요구한 결과 심각하게 굴절된다.

성을 사고파는 일에도 여전히 아무런 근본적인 변화가 보이지 않는다. 과거에 성매매가 주로 '위무威武'에 의해 이루어졌다면, 오늘날은 돈의 액수가 그것을 결정한다. 매매춘에 종사하는 여성들은 대개 가난한 집안 출신이다. IMF 때처럼 경제적 위기가 닥쳐 가장이 생계수단을 상실하면, 여성들이 취업 전선으로 나설 수밖에 없다. 비인간적이지만 쉽게 돈을 벌 수 있다는 유혹에 많은 여성들이 이 길로 접어든다. 남성과 마찬가지로 여성들에게도 인간의 가치와 품위를 지킬 수 있는 그런 일터가 제공되어야 한다. '못사는' 나라 여성들이 '잘사는' 한국으로 몰려들고 있다. 그들이 이질 문화권 속에서 받는 성적 학대와 억압에도 관심을 기울여야 한다. 미성년자를 대상으로 하는 성매매와 성폭행 그리고 유아 성폭행 또한 지나쳐서는 안 될 문제다.

전쟁과 여성

차마 입에 담을 수도 없는 전쟁과 여성의 관계. 남자로 태어난 것이 수치스러운 참상. 일본군에게 순결을 앗기고 짓밟혀야 했던 조선의 처녀들, '데이신따이挺身隊(몸 바쳐 앞장서는 결사대)', 종군 위안부. 한국전과 베트남전과 유고내전 등에서 군인들이 자행한 집단 강간. 고대로부터 현대에 이르기까지 전시 강간은 허용되고 권장되기까지 했다. 시시각각 생존 불안과 공포에 시달리는 병사들은 여성의 몸에서 안식처를 찾았다. 이를 통해 여성의 몸은 마구 유린되었다. 병사들이 받은 전투의 고통과 상흔이 '새디즘'의 공격성으로 변하여 여성에게 돌려졌다. '어머니 대지'를 마구 파헤치듯 생명의 모태인 여성의 몸을 짓밟았다. 그리하여 병사의 원한이 여성의 원한으로 확산·증폭되었다.[71]

---

[71] 전시에 군인들이 보이는 '광기' 어린 공격성과 파괴성에 대한 탁월한 심리 분석이 있어 소개한다. 마사아키, 노다 저 서혜영 역, 『전쟁과 인간 · 군국주의 일본

아, 선천 여성들의 원한이여! 이 어찌 제대로 된 세상이라 하겠
는가. 그러므로 증산상제는 이렇게 선언했다.

> 이 원한을 풀어 주지 않으면 비록 성신聖神과 문무文武의 덕을
> 함께 갖춘 위인이 나온다 하더라도 세상을 구할 수 없느니라.
> (『도전』 2:52:3)

의 정신분석』, 서울: 길, 2000 참조.

Chapter 6

원한으로 가득 찬 천지

한을 모두 풀고 죽은 사람이 있을까

거의 모든 사람이 원冤에서 비롯된 원願과 원怨을 풀지 못한 채 세상을 떠난다. 맺힌 원을 다 풀고 죽은 사람, 행복한 죽음을 맞은 이가 몇이나 될까? 성인이나 천재 또는 영웅이라 할지라도 못 다한 한이 없을까? 성인들조차 궁극적인 득도의 세계에 이르지 못한 회한悔恨, 설사 득도를 했더라도 도탄에 빠져

신음하는 창생을 건져 살리지 못했다는 포한抱恨이 남으리라.

일생을 다 바쳤으되 도통에 이르지 못한 '수행자의 원한'을 증산상제는 이렇게 지적한다.

> 공자는 다만 72명만 도통시켰으므로 얻지 못한 자는 모두 원한을 품었느니라. (『도전』 2:141:1)[72]

예술적 천재 또한 불후의 명작은 남겼지만 개인적 삶은 대개 파란만장한 비극과 불운의 연속이었다. 음악 천재 모차르트W. A. Mozart(1756~1791). 그는 서른다섯의 젊은 나이로 불행한 삶을 마감하고 비엔나 외곽 빈민 묘역에 쓸쓸히 묻혔다. 가난과 고통에 시달리면서도 불타는 열정으로 민중의 삶을 그려 낸 천재 화가 반 고호Vincent W. van Gogh(1853~1890). 그는 보리밭에서 권총으로 삶을 마감했다. 그들 순수한 영혼은 아름다운 예술은 남겼으되 혼탁하고 부패한 이 세상과는 결코 어울릴 수 없었다.

---

[72] 선천 종교에서 깨달음의 경지에 오른 사람은 극소수에 불과했다. 공자가 72인을, 석가는 500인을 도통케 하는데 그친 것으로 알려져 있다. 확률적으로는 3000만분의 1에 해당한다는 통계도 나와 있다. 그만큼 범인들에게는 불가능에 가까운 일이다. 깨달음의 경지에 오르기 위해서는 먹고살기에도 빠듯한 범인들로서 상상조차 하기 힘든 시간과 정력이 요구된다. 선천 세상에서 수행과 도통은 먹고 사는 문제에서 면제된, 특정 '유한有閑 계층'에 국한된 일이라고 해도 지나친 말은 아닐 것이다. 반면 증산상제는 깨달음의 '평등성'과 '용이성'과 '민중성'을 주장한다. "나는 누구나 그 닦은 바에 따라서 도통道通을 주리니 … "(『도전』 2:141); "나는 차등은 있을지라도 백성의 마음을 밝혀주어 제 일은 제가 알게 하며 … "(『도전』 7:82:2) 참조.

영웅들 역시 정복의 야욕을 다 채우지 못하고, 이상사회를 건설하겠다는 꿈을 접은 채 역사 무대에서 퇴출당해야 했다. 말로 末路가 비참하지 않은 영웅, 패가망신을 면한 영웅이 몇이나 될까. 그 영광이 자식 대까지 이어진 위인은 또 얼마나 될까. 칭기스칸의 후예들은 지금 어떻게 되었나.[73] 2차대전의 영웅 처칠의 아들 랜돌프는 자아도취와 마약에 빠져 세상의 조롱거리가 되었다. 인도의 성자 간디의 아들 할리랄은 주색에 빠져 아버지 장례식에 조차 참석하지 못했다.

조선조 오백 년 역사에서 '처세의 달인'으로 통하는 한명회. 세조는 그를 '나의 장자방'으로 부르며 신뢰했다. 문종으로부터 성종으로 이어지는 5대에 걸쳐 격동의 시대를 한 손에 쥐락펴락하면서 승승장구, 부귀영화를 누렸던 한명회. 김종서와 사육신을 비롯한 수많은 충신들이 그의 간계 앞에 쓰러져 갔다. 한명회는 영월 땅에 유배된 단종과 단종의 비에게 사약을 내리게 만든 장본인이기도 하다.

그런 한명회건만 죽은 다음에는 어떻게 되었나. 그는 '두 번'

---

73 칭기스칸이 어디에 묻혔는지는 정확히 알 수 없다. 그러나 구소련의 위성국이었던 외몽골(몽골인민공화국) 지역에 묘역이 있는 것은 확실하다. 구소련은 칭기스칸의 묘역으로 '성역화'해 온 광범한 지역을 '군사훈련장'으로 만들어 철저히 황폐화시켰다. 이는 1240년부터 1480년까지 240년에 이르는 몽골의 러시아 지배에 대한 '상징적' 보복이기도 했다. Weatherford, Jack 저 정영목 역, 『칭기스칸, 잠든 유럽을 깨우다』, 서울: 사계절, 2005, 서문 참조.

죽었다. 첫 번째 죽음은 73세의 나이로 병석에서 눈을 감은 때요,
두 번째 죽음은 연산군 때 그의 무덤을 파헤쳐 시체를 토막 낸
'부관참시剖棺斬屍'였다. 부귀영화를 누리던 그 일족 또한 참살당
했다. 하늘은 난세를 당하여 한명회란 뛰어난 지략가를 내어 썼
으나, 그가 저지른 살생에 대한 응분의 보답을 요구했던 것이다.[74]

민초의 원한

성인, 천재, 영웅들의 삶이 이
럴진대 들풀처럼 짓밟히며 살
다간 무수한 민초의 한은 또 얼
마나 크고 깊을까. 사랑하는 아
내와 딸을 주인의 성 노리개로
앗겨야 했던 노예와 종. 피를 보
며 미쳐 날뛰는 로마 시민들 앞
에서 동료를 죽여야 했던 검투
사, '글레디에이터'. 중세 유럽
봉건영주들이 농노의 딸에게
행사했다는 초야권初夜權, 첫날
밤의 권리.[75] 아프리카에서 끌

노예선과 노예 낙인찍기.
노예제도는 인류사회가 만들어낸 가장 비극적인
제도였다.

---

74 신승봉, 『난세의 칼』, 서울: 도서출판 선, 2006 참조.

75 중세 유럽의 농민전쟁이 잔혹했던 이유 가운데 하나도 이와 관련돼 있다. 극심
한 보복심에 불타던 농민들이 제후나 귀족을 잡으면 '바비큐', 즉 불고문을 하는

려간 5,000만의 흑인 노예들(그 중 2,000만이 살아남아 신대륙에 발을 디딜 수 있었다). 인디언에 대한 종족 대학살geno-cide(신대륙 발견 시 북미 대륙에는 2,000만의 인디언이 거주한 것으로 추산된다. 오늘날 인디언 숫자는 50만으로 줄어들었다).

일본군 종군 위안부, 생체 실험용 마루타.[76] 남경에서 일본군이 자행한 집단 학살과 강간. 나찌에 의해 자행된 600만 유대인 학살. 가스실에서 아이를 들어 올리며 울부짖던 유대인 여자, 아우슈비츠 상공을 뒤덮은 살타는 냄새.[77] 히로시마와 나가사끼. B-29와 B-52의 무차별 융단 폭격. 한국전과 베트남전 중 양측에 의해 자행된 양민 학살. 피해자들의 절규, 가해자들의 뻔뻔함, 가해자에 의한 역사왜곡. 인간의 복리를 위한다는 명분으로 저질러지는 잔혹한 동물 실험과 육식 문화 그리고 인체 실험.[78]

원한의 질과 양이란 면에서 가장 크고 깊은 원한은 인구 절반

일도 드물지 않게 발생했다.

[76] 이에 대한 사회심리적 분석은 다나카, 유키 저 김찬기 역,『히든호러*Hidden Horrors*』, 서울: 어문각, 2002 참조. 이 책에서 저자는 이차대전 중 일본군이 저지른 식인과 생체실험에 대한 심리 분석을 시도했다.

[77] 여기 유대인 수용소의 참상에 대한 탁월한 기록물을 소개한다. Levi, Primo 저 이현경 역, 『이것이 인간인가』, 서울: 돌베개, 2007.

[78] 세계적인 다국적 제약회사들은 일단 '신약'이 개발되면 동물 실험을 거쳐 인체 실험을 행한다. 그 대상은 주로 못사는 나라의 주민들이며, 자국 내에서는 부랑자 등 '잉여인간' 집단에게 주로 시행한다. Shah, Sonia 저 이해경 역, 『인체사냥』, 서울: 마티, 2008.

에 해당하는 여성의 한이다. 그 다음은 노예, 노비와 종, 농노 그리고 노동력 외에는 아무것도 지니지 못한 무산無産 노동자, 오늘날 '비정규직' 노동자의 한恨일 것이다. 그들은 생존을 위해 자신의 몸과 마음을, 최소한의 자존심과 품위마저 주인에게 내맡겨야 한다. 생존을 위해 인격과 영혼마저 저당 잡혀야 했다.

전쟁터에서 이름 없이 죽어 간 장병과 민간인들. 1차대전으로 1,000만이 죽고, 2차대전에서는 4,720만이 죽었다. 그 중 67%가 민간인이었다. 구소련 한 나라에서만 1,500만이 죽었다. 한국전과 베트남전에서는 각각 300만이 죽었다. 그 밖에 전쟁으로 장애를 입은 사람의 수는 통상 사망자의 4배에 이른다. 전쟁에서 돌아온 수많은 장병 또한 심각한 '외상증후군'으로 범죄를 저지르거나, 마약이나 알콜 중독에 빠져 비참한 여생을 보낸다.

그러므로 증산상제는 '전쟁사' 조차도 읽지 말 것을 당부하며

베트남전에서 즉결 처형 당하는 모습. 인류 역사의 95%가 전쟁의 역사였다.

이렇게 말했다.

> 사람들끼리 싸우면 천상에서 선령신들 사이에 싸움이 일어나 나니 천상 싸움이 끝난 뒤에 인간 싸움이 귀정歸正되느니라. 전 쟁사戰爭史를 읽지 말라. 전쟁에서 승리한 자의 신명은 춤을 추 되 패한 자의 신명은 이를 가느니라. (『도전』 4:122:1~4)

역신의 원한

세상을 바로잡으려다가 좌절하여 비참한 최후를 맞은 동서양 '혁명가'들의 한을 기억하라! 혁명가의 범주에 의로운 일을 하다 가 숨져간 모든 '자객刺客'과 '테러리스트'들도 포함시켜야 한다. 그들의 맺힌 한을 조금이나마 풀어 주기 위해. 증산상제는 세상 이 '역신逆臣'으로 경멸 조롱해 온 혁명가들의 한을 이렇게 그리 고 있다.

> 원래 역신은 시대와 기회가 지은 바라. 역신이 경천위지經天緯 地의 재능으로 천하를 바로잡아 건지려는 큰 뜻을 품었으나 시 세가 이롭지 못하므로 그 회포懷抱를 이루지 못하고 멸족의 화 禍를 당하여 천추에 원귀가 되어 떠돌거늘 세상 사람들은 사리 事理를 잘 알지 못하고 그들을 미워하여 '역적놈'이라 평하며 일상용어에 모든 죄악의 머리로 일컬으니 어찌 원통치 않겠느 냐.(『도전』 4:28:3~5)

증산상제가 녹두장군 전봉준(1855~1891: 字 明淑)을 비롯해 반 역자들의 원한을 중시한 까닭이 바로 여기에 있다. 『도전』에서는 역적으로 몰려 죽임을 당했으나 혁명가로서 전봉준이 끼친 공덕을 다음과 같이 높이 기리고 있다.

> 전명숙全明淑이 도탄에 빠진 백성을 건지고 상민常民들의 천한 신분을 풀어 주고자 하여 모든 신명들이 가상히 여겼느니라. 전명숙은 만고萬古의 명장名將이니라. 벼슬 없는 가난한 선비로 일어나 천하의 난을 동動케 한 자는 만고에 오직 전명숙 한 사람뿐이니라. 세상 사람이 전명숙의 힘을 많이 입었나니 1결結 80냥 하는 세금을 30냥으로 감하게 한 자가 전명숙이로다. 언론이라도 그의 이름을 해하지 말라.(『도전』 4:11)

앞서 단주와 관련하여 언급했듯이 역사에서 좌절한 역신, 곧 혁명가들은 이중으로 고통을 당한다. 첫째, 자신은 물론 그 일족이 겪어야 하는 고통과 희생이요. 둘째, 승자에 의한 역사 왜곡으로 죽고 나서도 그 자신과 후손들은 '억울한 누명'을 누대에 걸쳐 참아야 한다. 그러므로 이들이 죽어 철천지한을 품고 역신逆神이 되는 것이다.[79]

질사신과 압사신 – '뱃속 살인'

태어나지도 못한 채 눌리고 찢겨 죽임을 당한 낙태아. 한국에

---

[79] 증산상제는 이처럼 끈질기고 강렬한 역신의 원한을 풀기 위해 '도운道運공사'를 기획 집행했다(역신 해원). 도운이란 세운世運과 더불어 천지공사의 양대 축으로 상제님의 무극대도가 펼쳐지는 역사를 말한다. 즉 동학에서 보천교를 넘어 증산도에 이르기까지 상제님 도문의 역사가 진행되는 역사적 과정이다. 동서양 만고역신의 한이 삼변三變으로 굽이치는 도운의 역사를 통해 해소되도록 상제는 천지공사를 짜신 것이다.

서는 매년 30~40만의 생명이 낙태 수술로 사라진다. 낙태가 워낙 은밀하게 이루어지므로 정확한 통계는 잡을 수 없지만, 2005년도에만 해도 34만2천 건이 넘는 낙태가 이루어진 것으로 추산된다(세계 1~2위). 이는 신생아의

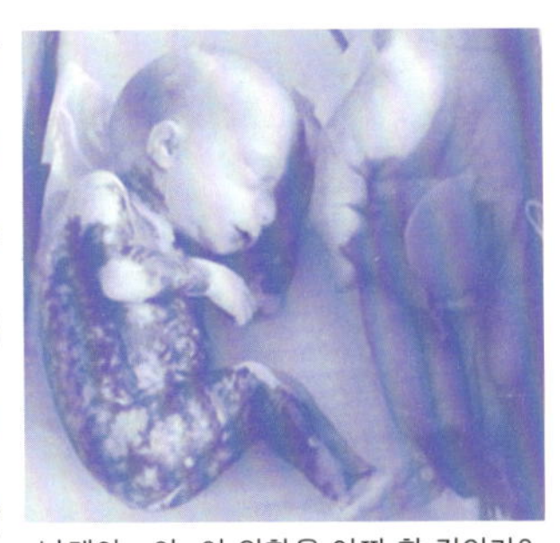

낙태아- 아, 이 원한을 어찌 할 것인가?

78%에 해당하는 숫자로 한국보다 인구가 6배나 많은 미국의 34만 건, 일본의 30만 건과 비교해 볼 때도 크게 높은 수치다. 남한 사회는 최근까지도 '고아 수출대국'과 더불어 '낙태 왕국'의 오명을 벗지 못하고 있다. 또한 전 세계에서는 매년 8억 이상의 여성이 피임을 하고, 5,500만 건의 낙태 시술이 이루어진다. 그 숫자는 매년 증가 추세다. 1960년에서 1997년까지 약 18억 번의 낙태 수술이 시행된 것으로 추산된다.[80]

낙태 과정은 형언조차 할 수 없을 정도로 잔혹하다. 강력한 흡착기가 자궁에서 태아를 떼어낸다. 태아는 죽지 않으려고 몸부림

---

[80] 그렇다면 특히 한국 사회에서 이처럼 '불법적'이며 '반생명적'인 낙태가 만연되는 것은 무엇 때문일까? 그 원인을 다음과 같이 정리할 수 있을 것이다. 1. 한국 자본주의 사회에 만연된 생명 경시와 물질만능 풍조. 특히 일반 여성뿐만 아니라 의사들의 생명 경시 풍조. 2. 1990년대까지 시행되어 온 산아제한정책. 3. 성도덕의 문란. 전 사회, 특히 청소년층에 만연된 무분별한 성개방 풍조. 4. 천문학적 돈이 들어가는 입시위주의 교육. 5. 여성을 위한 양육 및 복지 시설의 미비.

친다. 사생결단 모태의 벽에 매달린다. 흡착기로 안 될 경우도 있다. 이 때는 태아를 자궁 속에서 찢어 죽인 다음, 조각난 시체를 꺼낸다. 필자의 지인知人 가운데 한 사람인 어느 산부인과 의사는 8개월 된 태아를 꺼내면서 태아의 눈에 눈물이 맺혀 있는 것을 보고 심한 충격을 받았다고 고백한 적이 있다.

증산도 종정 안경전은 낙태의 참상을 이렇게 고발한다.

> 어쩌면 수백, 수천 년 동안 기다려 아름다운 생명의 꿈을 꾸며 세상에 나가기만을 손꼽아 기다렸을 가녀린 영혼들, 이유야 어찌 되었든 세상에 나와 보지도 못하고 잔인하게 유린된 낙태아 신명의 원한은 너무도 크다.[81]

그러므로 증산상제는 낙태아의 원한이 얼마나 강렬한 기운인지 이렇게 경고한다.

> 뱃속 살인은 천인공노할 죄악이니라. 그 원한이 워낙 크므로 천지가 흔들리느니라. 예로부터 처녀나 과부의 사생아와 그 밖의 모든 불의아의 압사신과 질사신이 철천의 원을 맺어 탄환과 폭약으로 화하여 세상을 진멸케 하느니라.(『도전』 2:68)

인간 세상에 태어나기 위해 수많은 세월을 기다려 '생명의 배를 탔건만' 타의他意, 그것도 제 어미에 의해 참혹하게 좌절된 이들 낙태아의 원한을 어떻게 해소할 수 있을까? 증산상제는 이들

의 원한이 너무나 크기 때문에 인간 세상을 저주하며 탄환과 폭약에 붙어 자살을 감행함으로써 원한의 살기를 해소한다고 했다. 전쟁을 비롯한 인간 사회에서 일어나는 크고 작은 참혹한 사건·사고의 이면에는 이처럼 하소연할 길 없는 '원신冤神들의 저주와 복수의 신음소리'를 들을 수 있는 것이다.

그러나 원한이 어찌 사람만의 문제이겠는가? 동물, 특히 가축이나 실험용 동물이 당하는 괴로움을 그냥 지나칠 수 있을까? 육식 문화의 무모함과 잔인함. 동물에 대한 최소한의 도덕적 정서적 배려는 완전히 사라지고 동물은 오직 이윤 극대화를 위해 무자비하게 다루어지고 있다. 그리하여 학대 받는 동물들의 반격이 시작되었다. 전 세계를 뒤흔들고 있는 구제역, 광우병, 조류독감 등은 동물을 상품으로 취급한 결과 일어난 필연적 현상이다. 또한 가축의 대량 사육으로 인해 생태계가 썩고 병들어 가고 있다. 이른바 '잘사는 나라'들에서는 동물성 단백질을 과잉 섭취함으로써 비만, 당뇨, 암 등 성인병이 만연하고 있다. 소나 돼지의 빠른 성장을 위해 호르몬제, 항생제 따위가 마구 투여되고 있다. 심지어 초식 동물인 소에게까지 고기를 먹인다. 그 결과 '광우병'이란 대재앙이 출현한 것이다.

해소되지 못한 원한은 어떻게 될까
이 짧은 지면에 그 엄청난 원한의 종류와 참상을 모두 담아 낼

수 있겠는가. 이 세상에서 피맺힌 원한을 안고 죽어 간 뭇 생명들
이 그 원한을 풀지 못한 채 저 세상으로 고이 갈 수 있을까. 사람
이 죽으면, 생명을 이루던 기氣가 흩어진다고 한다. 기가 모이면
(聚) 생명이 되고, 흩어지면(散) 죽음이다. 사람이 죽으면 그 기가
혼魂과 백魄으로 나누어진다고 한다. 하늘의 기운이자 양 기운인
혼은 하늘로 올라가고, 땅 기운이자 음 기운인 백은 땅으로 돌아
간다.

그러나 깊은 한을 맺고 죽은 사람이나 생명체에게는 워낙 끈질
기고 강렬한 원한의 기운 때문에 이러한 해체 과정이 자연스럽게
진행되지 못한다. 원한을 해소하지 않고서는 차마 이 세상을 떠
날 수 없기 때문이다. 천지간에는 선천 오만 년 동안 이처럼 맺힌
원한의 기운이 원혼寃魂과 원귀寃鬼가 되어 떠돌고 있다. 원혼과
원귀를 묶어 '원신寃神'이라 부른다. 오랜 옛날부터 있어 왔기에
'만고원신萬古寃神'[82]이라 부르기도 한다.

원신들의 해소되지 못한 원한의 기운이 하늘과 땅으로 자연스
럽게 흩어지지 못하고 살아 있는 사람이나 짐승 또는 자연 대상
에 달라붙어 맺힌 원을 풀고자 한다. 이를 '빙의憑依'라 한다. 글

---

82 증산상제는 동서양 만고원신의 원한을 세운世運에 부쳐 해소코자 했다. 세운
이란 개벽기를 맞아 삼변으로 크게 굽이치며 펼쳐지는 세계 역사의 전개 과정을
말한다. 그것은 세 차례의 대규모 세계대전으로 구체화되는데, 전쟁이야말로 천
지에 가득 차 폭발지경에 이른 엄청난 원신들이 살기를 해소하는 가장 효과적인
방법일 터이다.

자 그대로 '귀신이 사람에 들러붙어 의지하고 있는' 모습이다. 마음이 너무 순수하거나 여린 사람에게 빙의 현상이 자주 일어난다고 한다. 세상에는 예상치도 못한, 그 원인을 알 수도 없는 불의의 사건·사고가 비일비재하다. 만취한 상태에서 강력 사건이 자주 발생하는데, 이는 술 때문에 자제력이 약화된 틈을 타 원신들이 달려들어 일어나는 일은 아닐까.

결국 원한을 제대로 풀지 않고 방치하면, 살아서는 자기 자신을 망치고 주위 사람들에게 피해와 상처를 입히며, 죽어서는 원혼이나 원귀가 되어 빙의의 형태로 살아있는 사람에게 피해를 입히게 된다. 천지는 이러한 원한의 기운으로 가득하다. 이를 해소하지 않는다면 머지않아 온 세상이 불타올라 폭발해 버릴지도 모른다.

이 세상에서 그것이 개인이든 집단이든 원한의 문제가 말끔히 해소된다는 것은 거의 불가능에 가까운 일이다. 이미 말했듯이 역사마저도 강자의 편에서 기록된다. 패한 자는 패배당했다는 아픔과 더불어 역사의 기록 속에서 망

각되거나 왜곡되는 이중의 억울함을 당해야 한다. '역사바로잡기'가 시도되는 경우도 있지만, 그나마 패자와 승자의 위치가 뒤바뀌었을 때나 기대할 수 있는 일이다. 원한의 보복심에 따른 불기운은 종교를 통해서도, 사회제도를 통해서도, 역사를 통해서도 사실상 해소되기 어려운 것이다.

가을개벽을 맞아 폭발하는 원한 - 추살秋殺의 기운

우주의 여름, 그 끝자락에 이르면 자연계와 인간계와 신명계에 수만 년 동안 쌓이고 쌓인 원한이 온갖 재앙, 파괴와 살육의 광기가 되어 터져 나온다. 원한의 살기야말로 가을개벽을 맞아 지구촌 곳곳에서 터져 나오는 전쟁과 테러, 각종 범죄 및 대大 역병을 비롯한 온갖 비극과 불행의 근본 원인이다. 지진과 화산 폭발, 해일과 홍수가 잇따르고 기상이변이 빈발하고 있다. 동서양을 막론하고 사람들이 마구 미쳐 날뛰고 있다. 원한의 불길이 아니라면 문명이란 이름 아래 진행되고 있는 이 '아수라장'을 달리 어떻게 설명할 수 있겠는가. 그리하여 '이제 이 상극을 끝맺으려 하매 큰 화액禍厄이 함께 일어나 인간 세상이 멸망당하게'(『도전』 2:17:4) 되지 않았는가.

개벽이란 무엇인가? 우리는 제3장에서 개벽이 동반하는 대변국의 근본 원인을 우주일년이란 원리 차원에서 다루었다. 그러나 우주 가을의 대변국은 단지 원리적 차원의 변화에 그치지 않는다.

그것은 천지인 삼계三界와 신명계神明界가 상호 작용함으로써 일어나는 입체적이며 역동적인 변화 과정의 결과이다. 개벽 또한 – 증산도의 이신사 원리에 따라 – 신명계의 개입 없이는 설명할 수 없는 현상이요 사건이기 때문이다.[83]

가을을 관통하는 기운은 신이다[秋之氣神也]. 우주의 가을이 오면 그 동안 사물의 이면에 감추어져 있던 신적 기운이 모습을 드러내기 시작한다. 가을에는 '신도神道가 대발大發'한다. 우주의 가을을 맞아 신도가 대발하여 인간에게 크게 내림(大降)으로써 마침내 무극대운, 천지성공天地成功의 길이 열린다.

다른 한편 가을 우주에 자신의 모습을 드러내는 신은 거둠과 죽임의 신, 곧 추살秋殺을 집행하는 신이기도 하다. 이제 맑고 찬

---

83 개벽이란 – 이신사 원리에 따라 – 리적理的 신적神的 사적事的 차원에서 동시에 펼쳐지는 입체적이며 역동적인 과정이다. 그러므로 개벽이란 현상을 다음과 같이 세 가지 측면에서 파악해야 한다.
1. 개벽이라는 일대 사건[事]은 생장염장이란 궁극적인 변화원리에 근거하는 우주일년cosmic year의 원리에 따라 필연적으로 일어난다. 여기서 주목해야 할 것은 개벽기에 전대미문의 대격변이 발생할 수밖에 없는 원리적 근거이다.
2. 개벽은 리적 차원을 넘어 신적 차원에서 일어나는 현상이기도 하다. 신적 차원에서 일어나는 개벽을 푸는 키워드는 '추지기신야秋之氣神也'라는 말씀 속에 숨어 있다.
3. 개벽은 리적 신적 차원을 넘어 현상계에서 일어나고 있는, 일련의 구체적인 사건들이다. 개벽은 일찍이 증산상제가 기획 집행한 천지공사天地公事의 도수度數에 따라 병란·병겁·지축정립이라는 역사적 그리고 우주사적인 일련의 대사건들로 펼쳐진다.
4. 가을개벽은 죽임과 거둠의 과정을 동반한다. 그것은 곧 심판과 구원의 과정이다. 추살秋殺의 원리에 따라 개개인의 생사 여부가 결정되는 것이다.

가을의 기운을 타고 선천 오만 년 동안 각종 원한에 시달려 온 신명들이 보복의 살기로 한꺼번에 들이닥친다. 그것이 바로 추살 기운의 실체다. 이러한 추살 기운이 가을개벽기의 중심 사건인 병란兵亂과 병겁病劫을 몰고 오는 직접적인 원인이다. .

증산상제의 말처럼 원한의 에너지는 '능히 천지 기운氣運과 운로運路를 막을' 정도로 그 영향력이 지대하며 끈질기다. 가을개벽을 맞아 무엇보다 뭇 생명과 신명계에 쌓인 원한의 매듭부터 풀어야 한다. 그렇지 못할 경우, 개벽은 상상을 초월하는 파괴적이며 무질서한 방식으로 진행되어 천지 자체가 무너져 내릴 위기에 처할 것이다. 그러나 기존 '판안'의 방법으로는 이를 막을 도리가 없다. 기존의 방법은 오히려 '사람 죽이는 공사'만 보고 있기 때문이다. 그렇기에 ― 다음 장에서 다룰 것처럼 ― 증산상제는 마지막 대안으로서 천지공사를 통해 신명계와 인간계, 심지어 동식물과 자연 대상물에 이르기까지 해원解冤의 도수度數를 '물샐 틈 없이' 짜놓았던 것이다.

Chapter 7

해원解寃 –신명과 인간의 원한을 풀다

증산상제의 강세 목적은

앞장에서 우리는 선천 말대를 맞아 터져 나오는 원한의 살기, 그 파괴성의 실체와, 해원이 반드시 요구될 수밖에 없는 이유를 살펴보았다. 이제 해원의 문제를 본 격적으로 다룰 차례다.

우주의 주재자가 인간의 몸으로 화신化身하여 이 세상에 내려온 근 본 목적은 무엇인가? 원래 증산상 제는 선천 성자들로 하여금 세상 에 '한 소식'을 전하게 하여 창생을

건져 살리도록 하였다. 그러나 이들도 상극·원한이라는 선천 세상의 근본적인 한계를 넘어설 수는 없었다. 광구창생의 큰 뜻은 옳았을지라도 상극으로 인해 '막히고 닫힌' 선천 세상에서 이를 실천할 길이 없었기 때문이다. 오히려 이들을 중심으로 하는 기존 종교들 때문에 인간들 사이에는 갈등과 원억寃抑의 골이 깊어져 갔다.

바야흐로 우주 가을의 대개벽기에 접어들었다. 이때를 맞아 선천 오만 년 동안 천지간에 누적 증폭되어 온, 온갖 원한들이 보복심의 살기로 터져 나와 뭇 생명을 진멸지경으로 몰아가고 있다. 이에 '하늘의 모든 신성神聖과 불타와 보살들이 천상의 상제에게 간곡히 기도하고 하소연해 오므로', 상제는 그 청을 차마 뿌리치지 못하고 받아들였다. 그리하여 '새 우주를 열어 도탄에 빠진 인간과 신명을 건지기 위해 상제 자신이 새 역사의 태양이 떠오르는 동방 땅', 한반도에 친히 강세했던 것이다.[84]

상제는 개벽을 맞아 대혼란에 빠진 신명계를 바로잡고, 고통과 불행 그리고 진멸지경에 빠진 인간을 비롯한 뭇 생명을 건져 살리고, '정情과 의로움이 충만하고 자비와 사랑이 넘치는'(『도전』 2:65:9) 새 하늘 새 땅을 건설하고자 이 세상에 오셨다. 그가 이 목적을 이루기 위해 이 땅에서 구체적으로 행한 일이 바로 '천지공

---

84 『도전』 1:11:1~2; 2:30 참조.

사天地公事'다.

천지공사란 무엇인가? '공사公事'란 원래 조선조 당시 관아에서 공무 처리를 위해 회의를 여는 것을 말하는데, 이를 '공사 보다'라는 말로 표현했다. 그리고 천지란 동아시아 전통 사상에서 하늘과 땅이라는 물리적 대상을 지칭하는 것이 아니라, 자연을 넘어 문명과 인간계를 아우르는 '폭넓은' 개념이며, 특히 증산도에서는 신명계까지 포함하는 '심오한' 개념이다.[85]

증산도 종정 안경전은 천지공사를 이렇게 정의한다.

지금까지 선천의 천지질서를 우주의 통치자 상제의 주재아래 - 그 누구도 심지어 파리와 같은 미물이라 할지라도 원망과 이의를 제기하지 않도록 - 천지와 더불어, 천지신명들과 공사에 참여한 인간들의 '공의公議'에 따라 공정하게 판정하고, 낡고 병든 천지를 근본적이며 총체적으로 '뜯어고쳐' 새로운 천지질서로 재구성함이다.

그렇다면 왜 선천의 자연과 문명을 포함하는 모든 기존 질서와

---

85 동아시아 사상사에서 '천지'는 다양한 방식으로 쓰여 왔다. 전全 우주, 자연, 공간의 의미와 더불어 '천지신명'이나 '천지부모'라는 용례에서처럼 인격적 의미가 부여되기도 한다. 나아가 천지는 문명, 인간, 심지어 보이는 세계와 보이지 않는 세계 등 우주 내의 모든 사물을 아우르는 포괄적이며 심오한 개념이다. 동아시아 천지 개념의 가장 중요한 특징은 '유기체적 우주관'에 있다. 여기서 천지와 인간은 - 서양에서 말하는 자연(object로서의 nature)과 인간(subject)처럼 - 상호 분리·대립된 것이 아니라, 대우주(macro-cosmos)와 소우주(micro-cosmos)로서 유기적으로 상호 작용하고 관계한다. Needham, Joseph 저 이은호 외 역, 『중국의 과학과 문명』I~III, 서울: 을유 1991 참조.

제도 및 문물文物들을 이처럼 뜯어고쳐야 하는가? 선천의 "묵은 하늘이 사람 죽이는 공사만 보고" 있기 때문이다. 그러면 천지가 왜 이처럼 병들 수밖에 없었는가? 이미 살펴보았듯이 경쟁과 투쟁 중심의 상극 원리가 만물을 지배하기 때문이다. 그리하여 우승열패라는 냉혹한 생존 질서가 펼쳐진다. 그것이 종種이건 집단이건 개체건 생명체라면, 상극의 원리가 관철되는 한, 패배와 굴종, 억울한 죽임과 희생의 운명을 피할 수 없다. 이로부터 원한이 생겨 시간이 흐를수록 증폭된다. 특히 하추교역이 임박한—오늘과 같은—선천 말대末代에는 상극이 극치에 이르러 원한의 살기殺氣, 그 불기운이 폭발지경에 이른다.[86]

천지공사의 일차적 목적 - 해원

천지공사는 해원과 후천선경 건설을 근본 목적으로 한다. 여기서 해원은 후천선경 건설을 위한 선결 과제다. 해원, 무엇보다 신명과 인간계의 해원을 이루지 않고서는 원한의 그 '강렬하며 파괴적이며 끈질긴' 증오와 보복의 불기운으로 인해 선천 상극 질서로부터 후천 상생 질서로 '순리적'으로 넘어갈 수 없기 때문이다. 원한의 기운을 말끔히 해소하지 못한다면, 개벽기 대변국이

---

86 천지공사를 이해하기 위해서는 공사의 원리와 정신을 먼저 이해해야 한다. 천지공사의 원리와 정신으로는 이신사 원리, 인존, 성사재인의 정신 등을 우선 들 수 있다. 천지공사에 관해서는 이윤재, 「간추린 팔관법 제5법 · 천지공사」, 『알기 쉬운 증산도 팔관법』, 대전: 증산도사상연구소, 2003, 99~119 쪽 참조.

초래할 삼계의 대혼란과, 인간을 비롯한 창생의 진멸을 제어할 수 없을 뿐더러 새 하늘 새 땅, 곧 후천선경의 건설도 불가능한 일이기 때문이다.

증산도 종도사 안운산은 해원에 대해 이렇게 밝히고 있다.

> 세상을 근본적으로 바로잡고 좋은 세상을 만들려면, 신명들을 먼저 해원解冤을 시켜 주어야 한다. '해원'이란 원한을 풀어준다는 말이다. 새 세상 틀을 짜는 데는 신명들이 주역이 되기 때문에, 원한 맺힌 신명들부터 먼저 해원을 시켜 주어야 한다.[87]

해원의 중심은 신명 해원이다. 여기서 잠시 신명계의 문제를 살펴보자. 이 세계는 보이는 세계와 보이지 않는 세계로 나뉘어 존재한다. 두 세계는 서로 맞닿아 있으며 작용과 영향을 주고받는 것으로 보인다. 감각 기관으로 지각할 수 있는 세계가 다는 아니다. 보이는 세계와 보이지 않는 세계는 일종의 음양陰陽 또는 체용의 짝으로 상호 작용한다고 할 수 있다. 신명과 인간의 세계는 서로 동떨어져 존재하지 않는다. 안운산 종도사가 정의 내린 바와 같이 신명이 '무형無形의 사람'이라면 인간은 '유형有形의 사람'이다. 양자는 음양의 짝으로 살아간다. 그러므로 신명이 떠난 사람은 죽은 사람이나 마찬가지다. 심지어 흙 바른 벽이라도 신이 떠나면 무너지고 마는 법이다.

---

87 『춘생추살』, 138쪽.

　신명계와 인간계는 마음을 통해 서로 소통한다. 인간의 마음은 '천지의 중심'으로서 '신명들이 드나드는 문호門戶', 즉 출입문이며 '왕래하는 도로'이기 때문이다.[88] 인간의 마음은 신명계와 인간계 양쪽 모두에 속해 있다. 눈에 보이지 않는 세계인 신명계에서 일어나는 일은 눈에 보이는 세계인 현상계와 인간계에서도 재현된다. 거꾸로 인간계에서 일어나는 갈등과 혼란은 신명계에도 부정적인 영향을 미친다. 인간과 신명이 인간의 마음을 매개로 해서 소통하고 영향을 주고받기 때문이다. 따라서 신명계의 해원과 인간계의 해원은 불가분의 관계를 맺는다. 신명계의 해원은 인간계의 해원을 통해서, 거꾸로 인간계의 해원은 신명계의 해

____
88 『도전』 4:100 참조.

원을 통해서 이루어진다.

　해원의 과정은 일차적으로 '모든 것을 제 하고 싶은 대로 풀어놓는 방식'으로 시작된다. 이를 '난법亂法 해원', 일명 '카오스chaos해원'이라 부른다. 개벽기에는 추살 기운을 타고 모든 원신, 역신, 척신, 복마신들의 온갖 난동이 극치에 이른다. 이것이 인간계에서 온갖 무질서와 혼란, 방종과 일탈, 전쟁과 테러 등 각종 참사로 재현된다. 그러나 이러한 난법 해원은 신명계의 해원을 위해서는 어쩔 수 없는 일이다. 파괴와 무질서를 수반하는 난법 해원이 아니고서는 선천 오만 년 동안 천지간을 살기와 복수심으로 가득 채운 원한의 불기운을 한꺼번에 효과적으로 해소할 길이 없

기 때문이다.

해원과 천지 불기운 묻기[火遁]

결국 난법 해원이란 해원을 위한 필요악인 셈이다. 다만 '독毒을 독으로써 제어하고 화禍를 화로써 제어하듯' 파괴와 살육은 최소한에 그쳐야 한다. 이것이 화둔火遁의 정신이다. 화둔이란 천지의 불기운을 묻는 행위이다. 천지의 불기운이란 살육과 파괴로 치달리는 문명의 각종 제도와 핵을 비롯한 각종 병기를 말하며, 동시에 인간과 신명의 마음속 깊이 도사리고 있는 살기, 곧 파괴성과 공격성을 말한다.

이러한 유형·무형의 불기운을 묻는 공사가 화둔공사다. 절체절명의 우주사적 위기를 해결하기 위해서는 무엇보다 먼저 모든 것을 집어삼킬 듯 타오르는 원한의 불기운을 잡아야 한다. 그러나 이 불기운은 워낙 강력하고 엄청난 것이어서 우주의 주재자조차도 그냥 간단히 끌 수는 없었다. 산불을 다루듯 불기운을 조심스럽게 다루어야 했다. 불을 끄기 위해서는 불을 '다스려야' 한다. 산불이나 들불을 끄기 위해서는 미리 맞불을 놓아 불길을 잡는 방법을 쓴다.

그러기 위해서는 우선 파괴와 살육의 광기로 치닫는 원신과 역신들, 그 원한의 불길부터 '단계적'으로 서서히 잡아 나가야 한다. 불을 한꺼번에 억지로 끄는 것이 아니라 불의 힘을 이용해서

불을 끄는 것이며, '작은 불을 이용해 큰 불을 끄는' 방식이다. 큰 불은 큰 화를 작은 불은 작은 화를 뜻한다. 결국 상제는 상극에 따른 원한의 불기운이 – 난법 해원의 형태로 – 한꺼번에 돌발적으로 터져 나와 창생과 전 우주가 진멸지경에 빠지지 않도록, 도운과 세운공사를 통해 원한의 불기운을 '단계적 점진적'으로 다스려 해소하는 방식으로 해원공사를 집행했던 것이다.

세운世運과 도운道運

증산상제가 9년 동안 기획 집행한 천지공사는 그 작용이 천지인 삼계에 두루 미친다.[89] 천지공사란 자연계와 함께 선천 인류 문명과 역사의 전 과정을 통해 증폭되어 온 원한의 살기를 해소하고 후천선경 건설의 틀을 짜는 공사다. 상제는 천공사를 통해 신명조화정부를 결성하고, 지공사를 통해 지운地運을 통일하고 신도 세계를 개방했다. 이로써 후천선경으로 가는 초석이 놓여졌다. 이제 마지막으로 선천 인류 역사를 마무리 짓고, 문명의 새 판을 짜는 작업이 남았다. 천지공사는 상제와 신도 세계의 공의가 인간 역사의 질서와 부합하여 물샐틈없이 실현되도록 짜여졌다.[90]

인공사는 세운과 도운으로 나뉘어 역사 현실 가운데 드러난다. 세운은 인류 문명의 진로를, 도운은 상제님 진리의 도맥이 계승·

---

89 안경전, 『증산도 기본교리』2, 서울: 대원출판, 2007, 20~22쪽 참조.

90 "내가 천지운로를 뜯어고쳐 물샐틈없이 도수를 굳게 짜 놓았으니 제 도수에 돌아 닿는 대로 새 기틀이 열리리라."(『도전』 5:414:3)

발전될 진로를 말한다.[91] 상제는 만고원신의 한은 세운에, 만고역신의 한은 도운에 부쳐 해소하도록 큰 틀을 짰다. 만고원신萬古寃神이란 선천 오만 년 동안 – 여성, 노예를 비롯해 낙태아에 이르기까지 – 원한을 맺고 죽은 모든 신명을 말한다. 만고역신萬古逆神이란 정치적 사회적으로 웅지를 이루기 위해 노력했으나 천시天時를 맞추지 못하여 거꾸러진 혁명가, 풍운아, 협객의 신명들이다. 증산상제는 이들 신명의 원한을 세운과 도운에 붙여 해소시키려 한 것이다.

지금까지 우리는 천지공사와 관련하여 해원의 의미와 역할을 살펴보았다. 이제 우리의 삶 속에서 해원이 어떤 의미를 차지하고 있는지 알아보기로 하자.

---

91 도운과 세운의 관계는 어떤 것인가? 도운의 전개가 현상적 차원에서는 세운의 전개에 비해 하찮아 보일지라도, 신도 세계 차원에서는 도운이 체體고 세운은 용用으로서 관계한다. 그러므로 세운의 마지막 전개 과정은 도운을 통해 통일·완성되는 것이다.

Chapter 8

해원과 우리의 삶

해원과 일상

앞 장에서 필자는 우주의 주재자 증산상제가 집행한 천지공사가 후천선경 건설과 해원을 목적으로 한다는 사실을 밝혔으며,

해원이 일차적으로 난법 해원의 형태로 진행될 수밖에 없는 이유와, 난법 해원은 다시 화둔의 원리에 따라 단계적 점진적으로 '컨트롤' 되어야 하는 이유들을 원리적으로 살펴보

았다. 이번 장에서는 해원이 문명과 인간의 삶에 던지는 의미에 대해 알아보고자 한다.

우리처럼 '푸는' 문화가 발달한 민족도 없을 것이다. 과거의 불행한 역사를 기념하는 모임에서는 해원굿이나 씻김굿이 단골 메뉴로 등장하고, 언론과 종교에서는 상생과 해원이야말로 우리 민족이 살길이라고 주장한다. 벗들과 한잔하는 것도, 어울려 춤추고 노래 부르는 것도 따지고 보면 뭔가 가슴 깊이 맺힌 것을 말끔히 풀어 버리고 새 출발을 위한 에너지를 얻기 위함일 것이다.

억눌리고 갇힌 상태가 지속되거나 마음속에 멍울 들고 맺힌 것을 풀지 못한 채 오래도록 방치하면 병이 된다. 맺힌 것은 풀어서 밖으로 발산하거나 발산할 수 없다면 삭여야 한다. 이를 제대로 하지 못할 때 마음 깊은 곳에 쌓여 원한이 되고 원한이 쌓이고 쌓여 마음의 병이 되는 것이다. 그러나 원을 맘대로 발산할 수는 없다. 주어진 환경이나 여건에 막혀 있기 때문이다. 강력범들 가운데는 자제력이 부족한 사람들이 대부분이다. 참고 참다가 어떤 계기를 만나 걷잡을 수 없는 폭력이나 광기로 터져 나오는 원한의 힘을 주체하지 못하기 때문이다. 이러한 파괴적 에너지를 제대로 다스리지 못할 때 삶의 파국이 시작된다.

개인뿐만 아니라 사회나 집단도 마찬가지다. 여러 가지 굴레와 끝없는 경쟁으로 인해 '스트레스'가 쌓이다 보면 사람들 관계가 팍팍해지고 직장이나 사회 분위기도 험악해진다. 대개 직장에서는 정기적으로 회식이나 야유회 등을 열어 긴장이나 오해를 푸는 기회를 가진다. 또한 축제는 사회적 긴장과 반목을 풀기 위한 목적으로 마련된다. 축제 한마당이 벌어지면 남녀, 노소, 빈부, 신분의 격차, 미움과 반목이 한순간에 사라지고 모든 이가 어울려 하나가 된다. 2002년 한일 월드컵, 그 감격의 순간을 기억한다. 모든 이가 얼싸안고 함께 춤추고 함께 울고 함께 웃었다. 그 순간 우린 진정 하나였다. 해원을 향한 축제 한마당이었다.

해원, 상생의 전제 조건

원을 푼다는 해원은 다른 문화권에서는 찾아 보기 힘든, 우리 민족 고유의 탁월한 문화적 윤리적 가치다. 다른 문화권에서는 원한이나 해원에 해당하는 말을 좀처럼 찾아보기 어렵다. 유럽 언어권에서 원한에 상응하는 말로는 '분노ressentiment' 정도가 있을 뿐이다. 서로 원한의 감정을 지닌 개인적인 관계에서도 그렇다.

마음속에 있는 묵은 감정을 훨훨 털어버리지 않고서는 상대방을 활짝 열린 마음으로 맞아들일 수가 없다. 맘속에 일말의 미움이라도 남아 있다면, 진정한 상생은 실현되기 어렵다. 감정의 묵은 찌꺼기를 말끔히 씻어내고 진정으로 상대방을 받아들여 하나가 될 때 비로소 상생은 시작된다.

서양에서 들어온 종교와 윤리도 사랑이나 공생을 가르친다. 그러나 '이웃을 내 몸같이 사랑하라' 또는 '상대방이 한쪽 뺨을 때리면 다른 쪽 뺨도 내놓으라', '원수를 사랑하라'는 가르침은 너무나 지키기 힘든 윤리적 명령이다. 몸과 마음이 이 말씀에 자연스레 따라야 하지만, 막상 이를 실천하려면 엄청난 무리와 '스트레스'가 따르기 일쑤다. 원수를 사랑하려면 무엇보다 먼저 원수에 대한 진정한 용서나 화해가 전제되어야 한다. 마음속에 복수심이 조금이라도 남아 있는 한, 진정한 화해나 사랑이 성립되기 어렵다. 이것이 가능하려면 해원이라는 중간 과정이 필요하다. 가해자와 피해자 사이에 화해를 위한 풀이 과정을 거쳐야만 진정한 상생의 관계가 이루어질 수 있다.

해원의 실천

일상생활에서 해원을 이처럼 적극적으로 실천해야 하는 '원리적 근거'는 과연 어디에 있는가? 그것은 일차적으로 가을개벽을 맞는 인존人尊 정신에 있다. 물론 증산상제는 해원의 전 과정을

‘물샐틈없고 빈틈없이’ 도수로써 질정質定해 놓았다. 그것을 실천에 옮기는 것은 ‘성사재인成事在人’의 정신에 따라 오롯이 사람이 해야 할 몫이다. 지금은 ‘천지에서 사람을 내어 쓰는 때’이다. 상제가 ‘모사재천謀事在天’의 정신에 따라 기획해 놓은 해원의 프로그램을 실천하는 것은 가을 천지가 인간에게 부여한 신성한 책무이다. 그러므로 원시반본, 상생, 보은과 마찬가지로 일상생활 속에서 – 비록 원수라 하더라도 – 타인과 타 집단의 해원을 적극적으로 실천하는 것이 곧 천지해원에 앞장서는 일이다.

그렇다면 해원을 적극적으로 실천하기 위해서는 무엇을 어떻게 해야 하나? 해원의 첫걸음은 ‘남에게 척 짓지 않는 일’부터 시작된다. ‘무척 잘 산다’라는 말을 들어 보았을 것이다. 남[92]에게 척隻을 짓지 않아야 행복하게 살 수 있다는 말이다. 척을 짓지 않는다는 것은 남에게 죄나 원한거리를 아예 만들지 않는다는 뜻이다. 원한 살 일을 애초부터 하지 않는 것이다.

사실 우리 모두는 – 의식적이든 무의식적이든 – 남에게 크고 작은 상처를 입히며 살아간다. 비록 상처를 준 가해자는 그 사실을 쉬이 잊을지라도 상처 입은 피해자는 못내 잊지 못한다. 그러므로 말이나 행동을 하기 전에 그것이 남에게 부당하게 상처를 입

---

92 증산상제가 말하는 ‘남’의 범주에는 인간뿐만 아니라 짐승을 비롯한 동식물, 산과 들, 하천과 바다와 같은 모든 자연적 대상물들이 포함된다. 남의 범주는 심지어 눈에 보이지 않는 신명계까지 미친다.

히지 않을까 적어도 세 번은 심사숙고 해 보아야 한다. 그러므로 증산상제는 '언덕言德' 잘 갖추기를 누누이 강조했다.[93] 상대방이 나로 인해 상처를 입었다면, 가급적 빨리 피해자에게 사과하거나 보상을 해주어야 한다. 피해자는 마음의 상처로 인해 원한의 불씨를 키워 나중에 더욱 큰 보복을 가하거나, 다른 생명에게 분풀이를 하거나, 억울함을 삭이지 못해 자살과 같은 극단적인 행위를 저지를 수도 있다. 대부분의 보복이 잔혹하게 이루어지는 것은 이 때문이란 사실도 명심해야 한다.

내 자신이 피해자가 되었을 때는 우선 상대방에게 잘못한 일이 없었는지 곰곰이 되씹어 보아야 한다. 또는 가해 당사자가 아니더라도 주변 사람이나 짐승 또는 다른 생명에게 잘못한 점이 없었는지 깊이 반성해 보아야 한다.

증산상제는 이렇게 경고했다.

> 세상의 모든 참사가 척신隻神이 행하는 바이니라. 삼가 척을 짓지 말라. 만일 척을 지은 것이 있으면 낱낱이 풀고 화해를 구하라.(『도전』 3:188:10)

---

[93] "너희들은 베풀 것이 없으니 오직 언덕言德을 잘 가지라. 덕 중에는 언덕이 제일이라. 남의 말을 좋게 하면 그에게 덕이 되어 잘되고, 그 남은 덕이 밀려서 점점 큰 복이 되어 내 몸에 이르고 남의 말을 나쁘게 하면 그에게 해가 되어 망치고, 그 남은 해가 밀려서 점점 큰 재앙이 되어 내 몸에 이르느니라."(『도전』 8:28:3~4)

원인 없는 결과란 없는 법이다. 공짜란 없다. 심은 대로, 행한 대로 정확히 되돌아올 뿐이다. 누군가 나를 음해하거나 피해를 입혔다면, 그것을 그대로 보복하려고 해서는 되는 일이 없다. 증산상제의 말처럼 '악을 악으로 갚음은 피를 피로써 씻음'과 같이 더 큰 원한과 보복의 악순환만 불러올 뿐이다.

증산상제의 성도聖徒 가운데 한 사람인 박공우는 천원장이란 곳에서 예수교인과 다투다가 그에게 크게 맞아 가슴뼈를 다쳐 오랜 동안 고생한 적이 있었다. 증산상제는 공우를 위로하여 이렇게 말했다.

네가 이전에 어느 길가에서 남의 가슴을 쳐서 사경에 이르게 한 일이 있으니 그 일을 잘 생각하여 뉘우치라. 또 네가 몸이 나

은 뒤에는 가해자를 찾아서 죽이려고 생각하나, 너 때문에 죽
을 뻔하였던 자의 척隻이 그 예수교인에게 붙어서 갚은 것이니
오히려 그만하기가 다행이라. 네 마음을 풀어 가해자를 은인과
같이 생각하라. 그러면 곧 낫게 되리라.(『도전』 3:188:4~5)

곧 악을 선으로써 갚음이 해원을 위한 최선의 방법이 된다. 어
떤 종류의 피해를 보았다는 것은 상대방의 그런 행위를 통해 일
종의 '해원'이 이루어지고 있음을 뜻한다. 물론 피해자는 내 자신
이다. 그러나 내 자신이 피해를 입음으로써 다른 사람, 다른 생명
체의 해원이 이루어지고 있음에 유의해야 한다. 그러므로 피해를
그대로 보복한다는 것은 해원의 과정을 방해하는 것과 같다. 해
원을 방해함으로써 더 큰 화禍가 내게 미칠 수도 있을 것이다.

그러므로 증산상제는 오히려 나를 해치는 상대방 가해자를 위
로해 줄 것을 권하고 있다.

다른 사람이 만일 나를 칠지라도 그의 손을 어루만져 위로할지
어다.(『도전』 2:104:2)

'악을 선으로써 갚음'은 비록 성인聖人이라 할지라도 실천하기
어려운 일이다. 그러나 악을 선으로 갚았을 때 상대방의 마음속
에서는 놀라운 변화가 일어남을 경험하게 될 것이다. 권력이나 위
압이나 돈으로는 결코 사람 마음을 살 수 없는 법. 사람의 '속마
음'을 사기 위해서는 마음 깊은 곳에서 우러나오는 화해와 용서

가 반드시 필요하다. 마음으로부터 우러나서 상대방을 받아들여야 한다. 이 때 위선과 가식으로 굳어버린 자아, 증오와 보복심의 불기운은 봄눈 녹듯 사라진다. 이것이 진정한 화해요, 진정한 해원의 첫걸음이다.

개벽기의 심판과 난법 해원

때는 바야흐로 대개벽의 때요, 심판의 때다. 난법 해원은 해원의 과정이자 동시에 심판의 과정이기도 하다. 상제는 천지공사를 통해 모든 이들의 마음 깊이 도사리고 있는 원한을 마음껏 풀어 놓도록 계획을 짜 놓았다. 난법 해원은 온갖 일탈과 방종, 범죄를 비롯한 반도덕적, 반사회적인 행위로 드러난다. 상제는 개벽기를 맞아 원한을 해소시키기 위해 각자가 하고 싶은 대로 풀어놓으셨다. 물론 그러한 난법 행위의 주체는 사람이다. 그러나 이를 통해 선천 오만 년 동안 천지간에 쌓인 원신과 역신 등, 원을 맺고 죽은 각종 신명들의 원한이 해소되는 것이다. 난법 해원은 ― 상제의 공사에 따라 ― 광대 해원의 형태로도 드러난다. 전통 사회에서 광대들은 최하층 천민으로 온갖 학대와 모멸을 당해 왔다. 이제 난법 해원의 때를 맞아 이들의 한이 터져나오고 있다.

원한을 풀고자 하는 신명들의 염원, 그 기운은 너무나 강렬하고 끈질기다. 이번 개벽기가 신명 해원을 위한 마지막 기회이기 때문이다. 그렇기에 신명들은 해원을 위해 마치 불나방처럼 필사적으로 사람에게 달려드는 것이다. 신명들은 몸을 지니지 못했으므로 해원을 구체적으로 실현할 길이 막혀있다. 그러므로 사람의 몸과 마음을 빌려 해원하고자 하는 것이다. 그러나 이 과정은 사람에게 너무나 위험한 순간이다. 자칫 방심하면 척신, 원신들에게 휘둘려 어떤 일을 저지를지 알 수 없기 때문이다.

현대인들은 순간순간 너무나 많은 일탈과 방종, 범죄와 파괴의 유혹에 노출되어 있다. 누구든 한순간이라도 제 정신 바짝 차리지 않으면 자기도 모르는 사이에 파멸의 늪으로 빠져드는 것이 오늘의 현실이다. 지구촌 곳곳에서 수많은 사람들이 이성과 자제력을 잃고 '마구' 생각하고 '마구' 행동한다. 이것이 바로 원신들이 사람들에게 달려들어 원한을 해소하는 난법해원의 현장이 아닐까.

그렇다면 난법 해원의 유혹과 파멸로부터 자신을 지키기 위해서는 무엇을 어떻게 해야 하나? 우선 주변을 깨끗이 함과 더불어 '마음의 중심'을 되찾아 굳게 지켜나가야 한다. 마음은 믿을 것이 못 된다. 마음은 하루에도 수천 수백 번씩 바뀌며 분노와 유혹에 너무나 취약하다. 온갖 신명들이 마음을 출입문이자 도로로 하여 시도 때도 없이 드나들기 때문이다. 망념妄念의 정체가 바로 이런 것이다. 망념에서 벗어나 마음의 중심을 잡기 위해서는 무엇을 어떻게 해야 하나? 그 해답은 '천지일심天地一心'에 있으며, 천지일심에 이르는 구체적인 방법은 '태을주太乙呪' 수행에 있다.

어두운 '이야기'의 연속이었다. 개벽과 마찬가지로 원한이란 주제도 그 특성상 밝은 색조를 띠기 어려운 것이 사실이다. 개벽의 진행 과정은 상극에 따른 원한의 불기운이 터져 나오는 대전쟁 병란兵亂, 병겁病劫(괴질에 따른 큰 재앙) 그리고 지축 정립이라는 전대미문의 참사로 이어진다. 제아무리 심장이 강할지라도 앞으로 닥칠 일을 미리 안다면, 정상적으로 생활하기조차 힘든 충격을 받으리라. 그렇기에 증산상제는 '앞으로 올 일을 생각하면 차라리 모르는 편이 나으리라'고 말했던 것이다.

원한이란 주제도 마찬가지다. 그것은 우리들 마음 깊숙이 간직된 분노와 슬픔에 관한 이야기다. 가해자에 대한 증오에서 비롯된 원한怨恨, 하고 싶은 것을 하지 못하여 생기는 원한願恨, 갇히고 눌리고 당해서 생긴 원한寃恨 모두 '블랙 샤먼'의 어둡고 파괴적인 저주로 이어질 수 있다. 그러나 인간의 내면 깊이 도사리고 있는 이 끈질기고 강렬하고 파멸적인 '어둠의 힘'을 한번 정리하고 넘어가지 않는다면, 이 세상에 평화가 깃들 수 없으며, 새로운 세상으로 가는 길도 영영 막혀 버릴지도 모른다.

지난 선천 오만 년 동안 그 어떤 종교도 사상도 제도도 이러한 원한의 문제를 해결하지 못했다. 오히려 이들로 말미암아 원한이 증폭되었다. 원한 문제를 풀지 않고서는 진정한 구원이란 결코 성립할 수 없다. 이것이 증산상제가 내린 결론이었다. 이제 원한의 실체를 파악하고 원한을 훌훌 털어 버리고 가야 하지 않겠는가.

필자는 이 작은 책자를 통해 독자 여러분들께 전하고자 하는 '메시지'를 ─ 다음과 같이 ─ 정리하면서 이 글을 끝맺고자 한다.

1. 원한寃恨은 '한韓민족'만의 고유한 정서가 아니다. 그것은 지금까지 살아 온 인류 전체, 나아가 생명계 전체의 '보편적인 문제'다. 따라서 원한에 관한 앞으로의 논의는 '한韓민족'을 '한恨민족'으로 규정하는 따위의 '퇴영退嬰'적인 한풀이식 접근법에서 탈피해야 한다.

2. 기독교, 불교, 유교 등 '세계종교'들은 인간의 고통과 타락에 대한 다양한 설명과 해법을 제시하고 있다. 그러나 고통의 문제를 오직 인간 자신 또는 인간-신의 관계를 통해서 설명한다는 점에서 한계점을 드러낸다. 반면 이 글에서 제시한 '상극-원한의 도식'은 고통의 문제를 우주 질서라는 보다 심오한 '의미 관련성' 속에서 입체적이며 근본적으로 접근한다.

3. 제3장(상극, 원한을 낳다)에서 고통과 불행에 대한 '연역적 설명'을 시도했다. 이는 '생장염장 사의四義'라는 누구나 수긍할 수

있는, 지극히 단순하며 '자명自明'한 원리에서 출발한다. 그리하여 문명과 인간의 비극, 생명계 전체의 고통이라고 하는 다양하고 복잡한 현상들을 논리적으로 명쾌하게 설명해 준다.

4. '정통orthodox' 기독교에 따르면, 인류의 고통과 타락을 불러일으킨 최초의 원인은 에덴동산에서 아담과 이브가 저지른 '원죄 사건'에 있다. 이러한 '신화적' 설명 방식에 비해 증산상제는 ─고통과 불행의 근원인─ 원한을 역사적으로 실재한 '단주丹朱'가 품었던 한을 출발점으로 하여 밝힌다. 이렇게 함으로써 고통과 불행의 문제를 ─과학적 검증에 입각하여─ '문명사적'으로 접근할 수 있는 길이 열린다.

5. 증산상제는 천지간에 쌓여 폭발지경에 이른 원한을 크게 '원신冤神'과 '역신逆神'의 원한으로 나누었다. 그러나 세상을 살다간 거의 모든 인간들이 원신의 범주에 속한다. 역신 또한 크게 보면 원신의 범주에 속한다고 하겠다. 그러나 원한의 지향성과 그 강렬함의 정도가 일반적인 원한과 '질적'으로 다르다는 점에서, 증산상제는 '역신'의 원한을 별개 항목으로 다룬 것으로 해석할 수 있다. 앞서 말했듯이 원신冤神은 사실상 ─ 세상을 살다간 ─ 거의 모든 사람에게 해당한다. 원신의 범주는 여성, 노예, 노동자, 하층민, 빈자, 전몰장병, 장애인, 낙태아, 심지어 성인과 수행자들까지도 포함한다. 앞으로 각 원신 별로 역사적 경험적 연구가 요

구되는 것은 이 때문이다.

6. 선천 오만 년 동안 쌓여 증폭돼 폭발지경에 이른 '원한의 살기'를 기존 '판안'의 '교학敎學'과 '술수術數'로는 결코 해소할 수 없다는 점이 강조되어야 한다. 이것이 선천 종교의 근본적인 한계다. 이 문제를 해결짓지 못하고서는 진정한 창생구제란 불가능한 일이다. 바야흐로 이 때는 판 자체가 지극히 크고 복잡하며 가속적으로 변해가는 개벽기이기 때문이다. 증산상제는 지금 이 시점이 가을 '대개벽'이 임박했거나 진행 중인 시점으로 파악하고 있다. '그 때'가 언제일지는 누구도 정확히 알 수 없다. 그러나 갖가지 자연적 인위적 재앙의 빈발과, 인간과 문명의 비정상적인 행태를 주시한 사람[知天下之大勢者]이라면, '바로 그 때'가 가까이 왔음을 직감할 수 있으리라 생각한다.

7. 보은·해원·상생은 원시반본을 실현하기 위한 필수적 방법이다. 여기서 해원은 두 가지 중대한 의미를 지닌다. 해원은 우주 주재자인 상제가 집행한 천지공사의 일차적 목적이자, 동시에 가을 개벽을 맞아 인간이라면 반드시 지켜야 할 윤리적 당위Sollen로서 의미를 지닌다.

8. 보은은 해원의 전제조건이다. 은혜를 베푼 당사자에게는 그것이 아무리 작은 것이라도 반드시 보답해야 한다. 증산상제는 '반 그릇의 밥을 얻어먹었을지라도 그 은혜를 잊지 말고 반드시

보답하라'고 말했다. 은혜에 보답하지 않거나 저버릴 때 상대방은 대개 원한을 품게 된다. 보은의 범위는 나의 생명, 나의 오늘이 있도록 기여한 모든 것에 미친다. 좁게는 부모와 가족 및 혈연, 넓게는 사회와 민족, 전 인류, 궁극적으로 천지자연에까지 미치게 된다.

9. 해원이란 다른 사람과 신명들에게 쌓여 맺힌 원한을 풀어주는 일이다. 증산상제는 상대방이 나를 치더라도 오히려 그 손을 어루만져 위로하라고 가르쳤다. 해원은 상생의 전제조건이다. 마음속에 조금이라도 이기심, 증오심, 복수심, 원한의 불씨가 남아 있는 한, 진정한 상생이 실현될 리 만무하다. 상생 정신이란 남 잘 되고 남은 것만 가지고도 만족하는, 진정으로 남 잘 되기를 바라는 하해와 같은 마음가짐이다. 결국 서로서로 살리며 생명의 기운을 북돋아 주는 상생의 질서는 보은과 해원을 통해 비로소 가능한 것이다.

10. 마지막으로 원한과 해원이란 주제는 여타 문화권에서는 발견하기 힘든, 한민족 고유의 문화적 사상적 유산들 가운데 하나라는 사실이 강조되어야 할 것이다. 이 주제는 '세계화'를 위한 탁월한 호소력을 지니고 있는 것으로 평가된다. 지구상의 어떤 개인, 어떤 집단, 어떤 민족, 어떤 생명체를 막론하고 원한으로 괴로워하지 않는 존재는 없을 것이기에.

원한을 넘어 해원으로

부록 - 원한 관련 사례 모음

1. 종족의 원한
- 인디언 학살의 '추억'

고대로부터 현대에 이르기까지 문명사는 '제노사이드Genocide'로 얼룩져 있다. 제노사이드란 그리스어로 인종을 뜻하는 'genos'와 살해라는 의미를 지닌 'cide'가 결합된 용어로 종족학살을 비롯한 '집단학살'을 일컫는다. 희생자가 가해행위를 했건 상관없이 그가 '우리'와는 다른 집단에 속해 있다는 이유만으로 무조건 희생자가 되는 것이 집단학살이다. 인류 역사상 종족, 국가, 계급, 관습, 종교 및 정치 이념이 다르다는 이유로 수많은 사람들이 참혹하게 학살되었다.

집단학살이 본격적으로 문제가 되기 시작한 것은 근대 이후의 일이다. 서구제국주의가 비서구 세계를 정복하기 시작한 15세기부터 20세기에 이르기까지 거의 모든 제국주의 열강들이 종족 집단학살을 조직적으로 저질렀다. 서구인들은 신에 의해 선택받고 문명화된 자신들이 미개한 야만인들을 - 심지어 폭력을 통해서라도 - 개화시켜야 할 권리와 의무가 있다고 굳게 믿었다.

1492년 콜럼버스가 세 척의 작은 배로 90명의 선원과 함께 아이티 섬에 상륙함으로써 신대륙을 발견했다고 서양의 역사는 전하고 있다. 서구 역사가들이 미화해 온 모습과는 달리 그는 아주 잔인하고 탐욕적인 사람이었다. 섬에 첫발을 내딛은 그를 인디언들은 선물과 식량을 갖다 주며 환대했지만, 환대는 곧 종족학살로 되돌려졌다. 콜럼부스가 1,200명으로 구성된 선단을 이끌고 두 번째로 서인도 제도에 도착했을 때부터 이곳에는 대학살의 아비규환이 시작되었다. 콜럼부스는 자연과 조화를 이루며 부족 공동체 속에서 평화롭게 살아가던 원주민들을 잡아 노예로 팔았으며, 주민들에게 황금을 채굴해 오도록 할당량을 배정하여 이를 채우지 못하면 어김없이 손목을 잘랐다. 반항하면 코와 귀를 잘랐으며 전투견戰鬪犬들이 달려들어 물어뜯어 죽였다. 약탈 강간 고문 살인이 다반사로 일어났다. 물론 인디언들은 봉기했다. 그러나 이들의 원시적인 창은 전염병과 화승총과 대포의 적수가 되지 못했다.

1513년 스페인군의 쿠바 정복에 종군했던 바그톨로메 데 라스 까사스 신부는 '이제껏 보지 못한 가장 잔인한 학살이었다'라고 기록했다.

그는 「인도의 몰락에 관한 간략한 보고서」(1552년 간행)에서 스페인 정복의 참상을 다음과 같이 적었다.

> 에스파냐 인들이 하는 일이란 토착민들을 갈기갈기 찢고 살해하며, 잔인하게 고문하고 괴롭히고 학대함으로써 이제까지 들어보지도 못한 고

콜럼부스가 정복하기 이전 중남미 지역에 인디언이 얼마나 살
고 있었는지 정확히 알 수는 없다. 최소 1,500만에서 최대 1억으
로 추산된다. 콜럼부스가 히스패니올라 섬(아이티와 도미니카)에
식민지를 건설할 당시 인디언 원주민 수는 25만명에 이르렀다. 이
숫자는 그러나 2년 만에 절반으로 줄어들고 1517년에는 14,000명
으로 급감했다. 이는 종족학살이 어떤 규모와 속도로 진행되었는
지를 알려준다. 또한 1500년 경 2,500만이던 아즈텍 인구는 1600
년 경 100만으로 감소했고, 1530년 1,200만이던 잉카의 인구도 100
년 후 60만으로 줄어들었다. 인디언들은 극심한 강제노동을 통해
탈진해 죽거나 고문을 통해 잔인하게 처형되었으며 스페인군이
고의로 퍼뜨린 전염병과 기아로 쓰러져 갔다.

2. 종교들 간의 원한
- 기독교와 이슬람의 숙원 -

20세기에 표출된 자유 민주주의와 마르크스-레닌주의의 갈등은 이슬람과 크리스트교 사이의 지속적이고 뿌리 깊은 갈등 관계에 비하면 일시적이고 표피적인 역사 현상에 지나지 않는다.(S.헌팅턴, 『문명의 충돌』, 280쪽)

기독교와 이슬람의 종교적 정치적 공동체는 지속적인 경쟁 관계에 있다. 패권, 영토, 이념을 놓고 사활을 건 처절한 싸움을 벌여 왔으며 앞으로도 그럴 것이다. 양측의 종교 전쟁은 현재 진행형이다. 구 동구 사회주의권이 해체된 직후 발칸 반도에서 민족 및 종교 간에 벌어진 코소보 내전은 ― 집단학살genocide의 형태로 ― 25만의 인명을 앗아갔다. 9.11테러와 이에 뒤이은 아프칸 및 이라크전도 이질적인 종교 및 인종 집단들 간의 대결로 이어졌다. 팔레스타인 내전 또한 해결의 실마리가 보이지 않는다. 두 종교 공동체 간의 갈등과 비극은 천 년 이상의 끈질긴 역사를 지니고 있기 때문이다.

7세기 초반에서 8세기 중반까지 이슬람-아랍 세력이 크게 부상하면서 북아프리카, 이베리아 반도, 중동, 페르시아, 북인도 및 동남아 지역이 이슬람의 영향권 아래 들어왔다. 그 후 약 2세기 동안 양측의 경계선은 비교적 안정된 상태를 유지했다. 그러나 11세기 후반부터 서구 기독교 세력이 지중해 서부 지역 및 예루살렘에 대한 지배권 회복을 주장하며 십자군 원정을 일으키면서 양측은 두 번째 대결 국면으로 들어선다. 이후 150년 동안(1291년까지) 서구 기독교도들은 중동 지역에 기독교의 지배권을 확립하고자 여러 차례 시도했다. 이 과정에서 수많은 비기독교도 뿐만 아니라 그 지역에 거주하던 기독교 신자 및 유대인들도 잔혹하게 학살되었다. '하나님의 군대' 십자군은 온갖 탐욕과 잔인함으로 악명이 높았다. 반면 당시 아랍 세계는 경제 과학기술 문화 등 모든 면에서 서구를 압도하던, 중국과 더불어 당시 지구촌의 문명화된 중심지였다.

이스라엘은 현재 수백기의 핵무기와 미사일을 보유하고 있는 것으로 비공식적으로 알려져 있다. 미국, 영국, 프랑스 등 기독교 문명권에 속하는 핵클럽 국가들은 이를 암묵적으로 인정해주고 있다. 이스라엘이 무너진다면, 그것은 이 지역에서 기독교 문명권의 교두보가 사라짐을 의미하기 때문이다. 더욱이 현재 복잡한 양상으로 진행 중인 중동 사태는 석유를 둘러싼 '추악한' 자원 약탈 전쟁이기도 하다.

적어도 서구 제국주의와 식민주의가 발흥한 19세기 이후부터 아랍 세계는 서구 열강들로부터 - 오늘에 이르기까지 - 거의 일방적인 침략과 수탈에 시달려 왔다. 이슬람교도들은 서구 기독교 문명권에 대한 테러를 비롯한 저항 행위를 '지하드聖戰'라고 부른다. 이슬람의 지하드는 이미 1,000여 년 전 잔혹했던 십자군의 1차 원정으로부터 시작되었다. 여기 1099년에 있었던 십자군의 예루살렘 공성전의 잔혹상을 소개하면서 이 글을 마친다. 그해 7월 어느 무더운 여름날, 정오에 1차 십자군 원정대(13,000명의 유럽인으로 대다수가 완전 무장하였다)가 예루살렘 성벽을 타고 올라가 보이는 대로 죽였다. 다음 기록은 폴랑드르의 볼드윈이 고용한 프랑스인 지도 신부 샤르트르 풀서가 남긴 것이다.

> 칼을 뽑아 든 우리 병사들, 도시를 내달려
> 그 누구도 살려두지 않고 목숨을 구걸하는 자들조차
> 모두 죽였으니
> 가지가 흔들려 썩은 과일이 떨어지듯
> 세찬 바람에 참나무 도토리가 떨어지듯
> 쌓여만 가는 적들의 시체

3. 중국 여성의 원한
- 전족纏足 -

중국의 석학 호적胡適(1891~1962)은 중국 역사의 세 가지 병폐로 아편과 팔고문 그리고 전족을 꼽았다. 중국에는 '작은 발 하나에 눈물 한 동이'란 말이 있다. 전족이 그만큼 고통스럽다는 말이다. 그러나 옛날 중국 여자들에게는 3촌(약 10cm) 길이의 작은 발이 선망의 대상이었다. 인위적으로 만들어진 몽당발은 여자의 신비로움을 상징했다. 여자들은 헝겊을 꽁꽁 조여 맨 자신의 작은 발을 신체의 은밀한 부분으로 간주하여 남편이나 애인 말고는 누구에게도 보여주지 않았다.

전족은 여자의 발에 족쇄를 끼워 노예의 운명을 순순히 받아들이게 하는 여성 억압의 상징이다. 자기비하, 자기학대, 그리고 누구에게 의지하지 않으면 걸음 하나 제대로 떼어놓을 수 없는 여자의 철저한 의뢰심이 전족 속에 응축되어 있다. 여성은 남성을 위해 정조를 지켜야 한다. 그리고 남성의 욕구를 채워주기 위해 신체의 일부마저 오그라뜨려야 한다. 전족은 여성 노예화의 상징이었다.

전족의 기원이 언제부터였는지는 확실치 않다. 고대부터 전족에 관한 기록이 있으나 11세기 이후 유행했던 것으로 추정된다. 명대明代는 전족의 전성시대였다. 당시 궁녀들은 반드시 전족을 해야 했는데, 이것이 오늘날 다이어트처럼 민간에 널리 퍼져 너도 나도 작은 발을 만들기 위해 안간힘을 썼다. 청대淸代에 와서는 전족 금지령이 내려졌지만 전족의 광풍을 잠재우기에는 역부족이었다. 도대체 이런 몽당발은 왜 생겨난 것일까? 이영자 교수는 그 이유를 이렇게 밝힌다.

첫째, 전족은 여성에 대한 억압 심리의 일종이다. 남성에 의한 여성 학대라는 새디즘의 발로다. 여성들이 쓰러질 듯 뒤뚱거리며 괴롭게 걸어가는 모습이 남자들에게 가학적인 성적 쾌감을 느끼게 했을 것이다. 반면 여성들에게 전족은 매조키즘이라는 변태심리를 불러일으킨다. 남성의 성적인 새디즘을 충족시키기 위해 자신의 발을 희생한 여성들 또한 자기도 모른 사이에 변태심리인 성적 피학증에 빠지게 된다. 발이 썩지 않으면 작아지지 않고 썩을수록 작아지는 고통을 겪어낸 중국 여성들. 그랬던 그녀들이지만 결국 전족의 예찬자가 되어 자신의 어린 딸을 윽박질러 전족 띠를 꽁꽁매어 주게 되는 것이다.

둘째, 이 보다 중요한 이유는 전족이 가부장 사회에서 여성을 철저히 통제하기 위한 수단이었다는 사실이다. 동중서가 체계화한 음양설에 따르면, 남자는 양이고 여자는 음이다. 양은 강하고 크고 동적이고 직선적인데 반해, 음은 부드럽고, 작고, 정적이며 곡선적인 것으로 표현된다. 따라서 여성의 신체, 그 가운데서도 발은 작고(小), 짧고(短), 파리하고(瘦), 뾰족하고(尖), 나긋하고(軟), 부드럽고(柔), 향기로운(香) 일곱 가지 요소를 갖추어야 했다. 19세기 초 청나라에 와서 전족을 보고 놀란 외국 사신이 그 이유를 물어보자 중국 관리는 이렇게 대답했다.

전족은 이처럼 남성에게 정복당하여 지배받고 억압받고 노리개로 전락한 선천 여성의 원한을 상징한다.

4. 조선 선비의 원한
- 기준奇遵의 요절

기준(1492~1521)은 기묘팔현己卯八賢 가운데 한 사람이다. 기묘팔현이란 중종 14년(1519) 기묘사화에 연루되어 화를 당한 일군의 선비를 말한다. 기준은 서울 만리재에서 태어났으나 한 달 만에 아버지를 여의었다. 어려서부터 학문에 힘써 이미 13세에 문리文理에 크게 통달했으며, 17세부터 조광조를 따라 배우며 어울렸다. 22세 때 사마시에 합격하고 이듬해 별시에 병과丙科로 합격했다. 이후 여러 관직을 거쳐 홍문관 응교(정4품)에 이르렀다. 그는 조광조와 학문적 정치적 동지로서 도학 이념에 입각한 왕도정치를 구현하는 데 온 힘을 쏟았다. 그러나 27세 때 기묘사화가 일어나 다른 사림파들과 마찬가지로 아산으로 유배되었으며, 다시 함경도 온성을 옮겨져 '위리안치圍籬安置'되었다가 그곳에서 사사賜死되었다. 이 때가 나이 서른이었다. 위리안치란 죄인을 배소에서 달아나지 못하도록 가시로 울타리를 만들고 그 안에 가두던 일을 말한다.

온성에 위리안치된 그의 생활은 극도로 곤고하였다. 배소配所는 총총한 가시나무 울타리로 빽빽이 둘러싸여 대낮에도 햇빛이

들지 않았고, 숨을 쉬어도 바깥과 공기가 통하지 않을 지경이라 마치 '산 무덤'과도 같은 곳이었다. 그는 「위리기」에서 자신의 배소를 이렇게 묘사했다.

> 높은 기둥을 세우고, 두텁게 울타리를 두르고, 자잘한 가시나무를 쌓았다. 안팎으로 날카로운 가시가 교차되어 있고, 견고하여 털끝만큼도 흔들리지 않으며, 빽빽하여 바늘 들어갈 틈도 없다. 둘레는 오십 척(약 15m) 가량이요, 높이는 무려 너덧 장丈(성인 키 높이)이나 된다. 처마와는 겨우 지척 거리에 있고, 처마 위로 솟아 나온 게 3분의 2가 넘는다. 이 때문에 햇빛이 들지 않아 하늘을 보면 마치 우물 속에 있는 듯하니, 비록 대낮이라도 황혼 무렵 같다. 울타리 남쪽에는 작은 구멍을 뚫어, 음식을 반입하는 통로를 내었다. 바깥으로 네 면에는 작은 막사를 지어 경비 초소를 두었다. 제도가 엄밀하고 모두 물샐 틈 없어, 지난번 것과 비교해 보면 몇 갑절이나 더하다. 바라보니 빽빽한 게 험준한 산의 숲 속과도 같아, 그 속에 사람의 거처가 있는지 전혀 헤아릴 수 없는 정도이다. 시쳇말로 '산 무덤'이라 할 것이다.

그곳에서 그가 할 수 있는 일이라곤 아무 것도 없었다. 날마다 지난날을 회한하고 고향과 가족을 그리며 그저 눈물만 흘릴 뿐이었다.

그 뒤 신사무옥이 일어나 기준의 죄가 다시 논의되었고, 끝내는 그를 교살하라는 왕명이 내려졌다. 이 때 그의 나이 갓 서른이었다. 훗날 관작이 회복되고 이조판서에 추증되었다. 그러나 이로써 그의 원한이 모두 해소되었을까.

5. 조선 여인의 원한
- 단종 비 정순황후의 비극 -

단종의 왕비인 정순황후 송씨는 여랑부원군 송현수의 딸로 15세의 나이에 12세인 단종의 비로 간택되었다. 그러나 이 때 이미 수양대군 일파가 김종서, 황보인 등 충신들을 척살刺殺하고 정권을 장악한 뒤였다. 단종은 언제나 생명의 위협을 느끼며 불안해 했다. 송씨는 단종이 믿고 의지할 수 있는 유일한 사람이었다. 송씨는 어린 단종을 누나처럼 감싸며 위로해 주었다.

단종은 압력과 위협에 시달리다가 결국 숙부인 이 유李瑜에게 양위하고 상왕으로 물러났으며, 송씨는 왕대비가 되었다. 단종의 양위 사건은 성삼문을 비롯한 집현전 학자들에게 큰 충격이었다. 성삼문, 하위지, 이 개를 비롯한 사육신은 암암리에 단종 복위를 계획하여 거사를 준비했다. 그러나 결정적인 순간에 발각되어 가혹한 고문을 당한 뒤에 형장의 이슬로 사라졌다. 정국은 피바람이 몰아쳤다. 수많은 대신들이 참형과 교수형을 당했으며 국문鞫問 과정에서 죽어나갔다.

이 사건을 계기로 노산군으로 강등된 단종 또한 오지인 영월 땅으로 유배를 떠나야 했다. 송씨는 친정이 일시에 몰살당하고 평생을 의지하고 함께 살아야 할 남편마저 영월로 귀양 가게 되자 더욱 비통해 했다. 송씨는 귀향을 떠나가는 행렬이 가물가물 멀어지는 것을 하염없이 바라보며 피눈물을 흘렸다.

단종의 유배 후 정순황후 송씨도 궁궐에서 내쳐져 동대문 밖에서 살았다. 단종은 영월 청령포에 도착하자 하루도 거르지 않고 한양을 바라보며 송씨를 그리워했다. 단종이 그녀를 그리워하며 지었다는 시가 전해져 오고 있다.

<blockquote>

달 밝은 밤 자규새(소쩍새)는 구슬피 우는데
시름겨워 자규루에 기대노라
네 울음 슬퍼 내 마음 괴롭구나
네 소리 없으면 이내 시름 없을 것을
이 세상 괴로운 사람에게 말하노니
부디 춘삼월에 자규루에 오르지 마소

</blockquote>

단종은 그렇게 송씨를 그리워하다가 사약을 받고 스러졌다. 그때 단종의 나이 불과 열다섯이요, 송씨는 열여덟이었다. 그녀는 친가가 몰살당하고 단종마저 세상을 하직하자 동대문 밖에 움막을 짓고 살면서 흰옷을 입고 나물과 풀뿌리로 연명하다가 82세에 한 많은 세상을 떠났다. 그녀는 매일 산에 올라 단종이 묻혀 있는 영월 땅을 향해 예를 올렸다. 그 산봉우리를 동망東望봉이라 부르는데 기이하게도 동망봉의 소나무는 영월 쪽으로, 단종이 묻힌 영월 장릉의 소나무는 한양 쪽으로 뻗어있었다고 한다.

6. 원혼의 빙의
- 일용 엄니 김수미의 사투 -

빙의憑依란 무언가에 쫓기는 무력한 사람이 실체를 알 수 없는 어떤 대상에 의지하는 상황을 일컫는다. 빙의된 사람은 자신의 몸 안에 자신의 정기를 압도하는 강한 사기나 살기가 들어와 이 기운이 자신의 정기를 빼앗아 자신도 모른 사이에 비정상적인 행동을 하는 사람이다. MBC <전원일기>에서 일용 엄니 역을 맡아 구수하고 거칠 것 없는 입심으로 시청자들에게 낯익은 탤런트 김수미씨가 극심한 빙의로 사투를 벌인 적이 있었다. 그는 자신의 빙의 체험을 『그해 봄 나는 중이 되고 싶었다』라는 '논픽션'에 이렇게 기록하고 있다.

시어머니와 나는 친딸 이상으로 돈독하게 지내던, 서로를 너무나 아껴주던 사이였다. 사고가 나던 날 아침에도 사흘 후면 내가 직접 각본을 쓴 모노드라마가 공연될 예정이었기에, 어머니는 아는 분들에게 나눠주어야겠다며 포스터 몇 장을 들고 나가셨다. 어머니가 나가시고 난 후 10분이나 지났을까. 전화벨 소리가 울리는데 가슴이 뛰고 이상하게도 불안했다. 전화를 받고 길 건너 주유소로 가서 경찰차를 지나 사람들 속으로 들어가 보니 어머니 머리에서 쏟아진 피가 바닥을 흥건히 적시고 있었다. … 사고원인은 내 차의 급발진이었다.

만사가 다 귀찮아 아무도 살지 않는 무인도에 가서 죽어버리고만 싶었다. … 얼마나 오랫동안 샤워를 하지 않았는지 머리를 긁으면 손톱 밑에 새까맣게 때가 끼어 있었다. …

별 이상이 없다는 의사의 말에도 불구하고 내 중상은 나을 기미를 보이질 않았다. 새벽 5시면 눈이 뜨이는데 내 심장 뛰는 소리가 얼마나 크게 들리고 떨리는지 오른손으로 가슴을 힘껏 쳐댔다. 빈속에 소주를 커피잔으로 한 잔 가득 마시고 나서야 심장이 가라앉았다. 한 잔이 두 잔으로, 두 잔이 한 병으로, 한 병이 두 병으로 늘어나 어느 날은 비틀거리다가 화장실에서 넘어져 피투성이가 된 나를 남편이 응급실로 데려가야만 했다.

그러던 어느 날 아들 방에 꽃을 꽂아주기 위해 2층으로 올라갔다. 그런데 아들 방에 있던 사진 속의 시어머니가 나를 노려보고 계셨다. 얼마나 귀신처럼 노려보는지 무서워서 액자를 창밖으로 던져버렸다. … 다음번에 2층 아들 방에 침대 시트를 갈아주려고 올라갔는데 이번에는 침대 벽에 걸린 시어머니의 사진이 또 나를 무섭게 노려보는 것이다. 순간 사진으로부터 얼음장 같은 한기가 나오더니 내 얼굴에 닿았다. 금방이라도 나를 죽일 것 같은 느낌에 두려워 계단을 미끄럼 타듯이 기어서 내려와야 했다. 나는 또 미쳐버릴 것만 같았다. 그날 『빙의』를 쓰신 묘심화 스님에게 전화를 걸어 다음날 찾아갔다.

스님은 나를 보자 "눈에 빙의가 아직 안 빠졌네요"라고 말했다. 나는 거두절미하고 시어머니 사진이 왜 나를 노려보느냐고 물었다. 스님은 억울하게 죽은 혼령이 완전히 떠나지 못하고 떠돌다가 가장 애착이 가는 사랑하는 사람에게 붙었기 때문이라고 했다. 내 사주를 보시곤 너무 영적으로 맑고 천재적으로 머리가 좋아 귀신들은 이런 영혼에 들어가 놀기를 좋아한다고 하셨다.

7. 피억압 민중의 원한
- 1957년 알제리 -

1954년부터 8년간 알제리에서는 프랑스의 130년 식민 통치로부터 벗어나려는 알제리의 독립전쟁이 시작된다. 북대서양조약기구 NATO의 지원을 받은 프랑스는 80만의 병력과 5조 프랑의 전비를 투입하여 철저한 진압작전을 전개한다. 이 과정에서 알제리인 100만이 학살당하고 70만이 부상했으며, 프랑스 측도 12,000명이 전사하였다.

또한 전쟁이 막바지에 이른 1961년 10월 17일, 파리에서는 알제리인을 겨냥한 대규모 인간사냥이 벌어진다. 이른바 '인권과 민주주의의 본고장', 프랑스가 전쟁 기간 중 알제리 민중에게 저지른 잔혹상을 고발하는 기록* 을 발췌하여 소개한다.

네멘차스의 평화

여섯 달 동안 우리는 고문 행위를 눈으로 보고, 듣고 납득하고, 심지어 참여하는 지경에 이르렀다. 북아프리카에서 목격한 충격적인 장면 때문에 프랑스로 돌아간 뒤에 밤마다 악몽에 시달리지 않을 수 없었다.

---

* Robert Bonnaud, *Esprit*, 1957년 4월호, Paris, pp. 581-583.

셰리아 주둔한 프랑스 기동헌병대(GMPR, 농촌지역 방어를 위한 기동헌병대. 1956년 이 지역을 거점으로 독립운동을 벌이는 알제리 반군에 대한 토벌작전을 지휘했다) 진지에서 한 용의자가 결박당한 채, 7월의 한낮 땡볕 아래 지욱한 먼지 속에 쓰러져 있었다. 그의 발가벗겨진 몸에는 온통 과일 잼이 묻어 있었다. 윙윙거리는 파리 떼가 초록빛과 황금빛을 아롱거리며 그 인간 제물을 향해 탐욕스럽게 달려들었다. 넋이 나간 듯한 그의 눈동자가 고통을 호소하고 있었다. 유럽인 하사관이 짜증스럽다는 듯이 소리쳤다. "한 시간 내로 자백하지 않으면, 이번에는 벌떼를 풀어놓을 거야!"

구엔티스에서는 네 명의 헌병이 우리와 함께 주둔했다. … 전기공은 헌병을 따라갔다가 고문 장면을 목격하고는 겁에 질려 밖으로 뛰쳐나갔다. 고문 장면은 이러했다. 헌병은 용의자를 탁자에 결박한 쇠사슬 사이사이에 물에 젖은 헝겊 조각을 쑤셔 놓고는 그곳에 전극을 꽂았다. 그런 다음, 헌병대 사무실의 전화기 손잡이를 돌리기 시작했다. 그는 손잡이를 돌리는 속도를 달리하면서 전류의 강도를 변화시켰다. 전류를 변화시킴으로써 고통을 극대화하는 효과를 낼 수 있다는 것을 잘 알고 있었던 것이다. 고문자는 용의주도하고 치밀하게 작업에 임했다. 고문당하는 자는 울부짖고, 결박당한 채 온몸을 비틀었다. …

전극은 관자놀이, 혀 밑, 성기 등 인체의 모든 민감한 부위에 부착되었다. … 이런 고문 방식은 흔적을 거의 남기지 않을 뿐더러, 아무런 도덕적 선입견 없이 고문 장면을 치켜보는 자들에게 맛보기 어려운 성적 쾌감을 전해줬다. …

8. 20세기의 역신
- 체 게바라(Che Guevara, 1928~1967)

사르뜨르가 '20세기의 가장 완전한 인간'으로 부른 체 게바라는 아르헨티나 귀족 가문에서 태어나 의대를 졸업한 뒤 보다 넓은 세상을 경험하기 위해 라틴아메리카를 여행하며 나환자들의 삶과 궁핍한 농민들의 현실을 목격한 뒤, 의사의 길을 포기하고 민중들에게 헌신하며 살아갈 것을 결심한다.

그 후 쿠바로 건너간 게바라는 카스트로와의 만남을 통해 게릴라 혁명 투쟁에 본격적으로 참가하게 된다. 역사와 민중에 대한 그의 애정은 뜨거웠다. 쿠바 혁명이 성공한 뒤 그는 장관에 임명되었지만, 고통과 불의에 시달리는 전 세계 피억압 민중 혁명을 위해 또 다시 밀림으로 떠났다. 그는 볼리비아에서 싸우다가 39세로 장렬하게 전사한다.

그는 목숨을 걸고 싸웠으나 결코 그 목숨의 대가를 바라지 않았다. 그는 적들을 향해 총을 쏘았지만 결코 그 적들의 영혼을 향해 쏘지는 않았다. 그는 혁명가요, 시인이요, 노동자요 농민이었다. 그리고 진정한 인간이었다. 사르뜨르의 말처럼 '100년에 하나 나올까말까 하는 20세기의 가장 완전한 인간'이었다. 여기 죽어

고이 잠들어 영원한 별이 되고 신화가 되어버린 한 혁명가의 영혼
을 가장 잘 드러내는 시구 몇 개를 소개한다.

- 성공론
노동자들이여,
열심히 노력하면 성공한다!
자본가들이여,
열심히 착취하면 성공한다!
그 노력과 착취로 성공한 대가가 바로
굶주림과 불평등으로 얼룩진 이 세상이다
독재와 제국주의가 사라지지 않은 성공은
어떠한 행복도 보장하지 않는다
그 성공은
남의 실패를 짓밟고 올라온 성공이요,
그 행복은
남의 불행을 짓밟고 올라온 행복일 뿐이다

- 무릎을 꿇고 사느니, 차라리 서서 죽겠다!

- 내 어린 딸에게
아빠는 소신껏 행동했으며, 내 자신의 신념에 충실했단다. 아빠는 너희
들이 훌륭한 혁명가로 자라기를 바란다.
지금도 이 세상의 어느 누구인가 당하고 있을 그 모든 불의에 맞설 수 있
는 능력을 키웠으면 좋겠다. 그리고 혁명이 왜 필요한지, 너희들 스스로
깊이 생각해 보기 바란다.
그것이 혁명가가 가져야 할 가장 아름다운 자세란다

9. 동방의 혁명가 역신
- 의사 안중근, 이토의 심장을 쏘다

안중근安重根(1879~1910)은 대한제국의 교육가, 독립운동가, 대한의병의 참모중장이었다. 본관은 순흥, 고려조 명현 안향의 26대손이다. 그는 구한말 황해도 해주부 수양산 아래에서 현감 안인수의 손자이자 진사 안태훈의 장남으로 태어났다. 그의 집안은 천주교 성당 건축에 참여할 정도로 독실한 신앙심을 갖고 있었다. 그는 1895년 천주교학교에 입학아여 신학과 프랑스어를 배웠다. 1904년 평양에서 석탄 장사를 하다가 1905년 을사조약이 체결되는 것을 보고 독립운동에 모든 것을 바친다. 이어 평양에서 삼흥학교를 세우고 돈의학교를 인수해 교육에 힘쓰다가 1907년 연해주로 건너가 의병활동에 가담한다.

1909년 10월 이토 히로부미가 러시아 제국의 재무상 코코프체프와 협상하기 위해 하얼빈에 오게 되었다. 하얼빈 인근 역에서도 우덕순과 조도선, 유등하의 암살 계획이 있었으나 철통같은 수색과 감시로 실패로 돌아갔다. 백발백중의 명사수 안중근 의사는 하얼빈 역 플랫홈에서 기차에서 내리는 이토를 향해 브라우닝제 반자동권총으로 저격하였다. 의사가 쏜 일곱 발 가운데 이토는 세발을 맞고 그 자리에 쓰러졌으며, 나머지 네 발은 수행비서관, 일본 총영사, 만철 이사를 맞추었다. 저격 후, 안의사는 러시아어로 '코레야 우라!(대한 만세)'라고 크게 외치고는 러시아 공안에 체포되었다. 이토는 저격 30분 만에 절명했다.

안의사는 러시아에서 일본 정부에 넘겨져 1910년 뤼순 감옥에서 사형을 선고받고, 같은 해 3월26일 처형되었다. 유해는 아직까지 찾지 못하고 있다. 같이 거사에 참가했던 우덕순 등 동지들도 징역형을 선고받았다. 안의사는 법정에서 이토를 죽인 이유를 의연하게 밝혔다.

> 내가 이토를 죽인 이유는 이토가 있으면 동양의 평화를 어지럽게 하고 한일 간이 멀어지기 때문에 조선 의병 중장의 자격으로 죄인을 처단한 것이다. 그리고 나는 한일 양국이 더 친밀해지고, 또 평화롭게 다스려지면 나아가서 오대주에도 모범이 되어 줄 것을 희망하고 있었다. 나는 결코 오해하여 죽인 것은 아니다.

안의사의 이토 히로부미 사살은 당시 조선을 넘어 동아시아 전 지역에 큰 영향을 끼쳤다. 중국 동북 지역 36개 소학교에서는 수업 시작 전에 안중근의 노래를 합창하였으며, 중일 전쟁 발발 이후에는 저우언라이와 궈모로 등이 무한, 장사 등지에서 화극 <안중근>을 연출해 반일투쟁을 고무하였다. 안의사는 옥중에서 집필한 『동양평화론』에서 자신의 하얼빈 의거를 '동양 평화를 위한 전쟁'이라고 밝혔다. 그는 동양평화론에서 한중일 3국이 각각

독립을 유지하면서 상부상조하여 서세동점하는 서국 제국주의
를 막아야 한다고 역설했다. 마지막으로 안의사의 영웅적 기개와
의기가 담겨 있는 싯귀절을 인용하고자 한다.

> 장부가 세상에 처함이여 그 뜻이 크도다.
> 때가 영웅을 지음이여 영웅이 때를 지으리라.
> 천하를 응시함이여 어느 날에 대업을 이룰꼬
> 동풍이 점차 참이여 장사의 의기가 뜨겁도다.
> 분개히 한번 감이여 반드시 목적을 이루리라.
> 쥐같은 이등이여 어찌 즐겨 목숨을 비길고
> 어찌 이에 이를 줄을 헤아렸으리오 사세가 고연하도다
> 동포여 동포여 속히 대업을 이룰지어다
> 만세 만세여 대한 독립이로다
> 만세 만세여 대한 동포로다

10. 자객刺客의 원한
- 형가荊軻, (? ~ 기원전 227)

형가는 전국시대 위나라에서 출생하였다. 어려서부터 무술과 독서에 심취하였으며, 술과 노래를 좋아한 기인奇人이었다. 후에 지인 전광을 통하여 연나라 태자 단을 소개 받았으며, '자신을 알아주는' 태자 단에게서 진나라 왕 영정(진시황)을 암살해 달라는 부탁을 받았다. 태자 단은 어릴 적에 진나라에 볼모로 가 있었는데, 그곳에서 진나라 왕에게 멸시를 당하여 이를 원망하여 도망쳐 돌아왔다. 단은 연나라로 돌아와 자신의 원수를 갚아줄 사람을 찾았으나 나라가 작아 힘이 미치지 못했다. 또한 진나라는 점점 세력을 확장하여 급기야 연나라의 변경에 이르게 되었다.

형가는 부탁을 받아들이는 조건으로 연나라의 기름진 땅 독항督亢의 지도, 무사 한명 그리고 번오기 장군의 목을 요구했다. 당시 번오기는 진나라 사람으로 죄를 짓고 연나라에 망명 중이었다. 진나라는 번장군의 부모와 종족들을 모두 죽이거나 노비로 만들었으며, 이에 번 장군 또한 진나라에 대해 극심한 원한을 품고 있었다. 형가는 번오기에게 이렇게 물었다.

"장군의 목을 얻어 진나라 왕에게 바치기를 원합니다. 그렇게 하면 진나라 왕은 반드시 기뻐하여 저를 만나볼 것입니다. 그때 제가 왼손으로는 그의 소매를 잡고 오른손으로는 그의 가슴을 찌르겠습니다. 그렇게 되면 장군의 원수를 갚고 연나라가 업신여김을 당한 것도 씻을 수 있을 것입니다. 장군께서는 이렇게 하실 수 있겠습니까?”

번오기는 “이것이야말로 제가 밤낮으로 이를 갈며 가슴을 치며 고대하던 일입니다. 이제 당신의 가르침을 듣게 되었습니다”라고 말하면서 스스로 목을 찔러 죽었다. 그리하여 번오기의 목은 상자에 넣어 봉해졌다.

형가가 처음에 요구하였던 조건 가운데 무사 한 명은 형가의 절친한 벗이자 검객인 노구천으로 정하였다. 그러나 출발 시간이 되었음에도 그가 당도하지 않았다. 형가는 할 수 없이 태자 단이 추천한 무사 진무양과 함께 진왕 정을 암살하기 위해 떠났다. 태자 단을 비롯하여 사정을 아는 사람들이 상복을 입고 역수易水까지 전송 나와 제를 올릴 때, 형가는 이렇게 노래하였다.

바람은 소슬하고 역수는 차가운데
장사는 한 번 가면 다시 돌아오지 않으리
호랑이굴을 찾음이여 이무기 궁으로 들어가네
하늘을 우러러 외치니 흰 무지개 서도다!

그의 노래 소리는 심히 강개慷慨하여 듣는 이들이 모두 눈을 부릅떴고 머리카락이 관을 찌를 듯 치솟았다. 이렇게 하여 형가는 수레를 타고 떠났는데, 끝까지 뒤를 돌아보지 않았다.

진나라 왕은 연나라 사신이 번오기의 목과 독항의 지도를 가지고 왔다는 소식을 듣고 매우 기뻐하며 예복을 갖추어 입고 구빈九賓의 예를 갖추어 함양궁에서 만나기로 하였다. 사마천은 『사기열전』에서 형가의 암살 시도 장면을 생동감 있게 ·다음과 같이· 묘사하고 있다.

형가가 번오기의 목을 들었고, 진무양이 독항의 지도가 든 상자를 들고 차례로 나아갔다.
형가는 지도를 받아 왕에게 바쳤다. 진나라 왕이 지도를 펼쳤는데, 지도가 다 펼쳐지자 비수가 드러났다. 그러자 형가는 왼손으로는 왕의 소매를 붙잡고 오른손으로는 비수를 쥐고 왕을 찌르려 했다. 그러나 비수가 몸에 닿기 전에 왕이 놀라서 몸을 당겨 일어서면서 소매가 떨어졌다. 진나라 왕은 칼을 뽑으려고 했지만 칼이 길어 뽑지 못하고 칼집만 잡았다. 너무나도 황급한 데에다 꽉 꽂혀 있었으므로 곧바로 뺄 수 없었던 것이다. 진나라 왕은 칼을 등에 지고서야 칼을 뽑아 형가를 내리쳐서 그의 왼쪽 다리를 베었다. 형가는 쓰러진 채 비수를 진나라 왕에게 던졌지만, 맞히지 못하고 구리 기둥을 맞혔다. 그러자 진나라 왕은 다시 형가를 쳐서 여덟 군데나 상처를 입혔다. 형가는 스스로 일을 이룰 수 없음을 알고 기둥에 기대어 웃으며 두 다리를 벌리고 앉아 이렇게 꾸짖었다.
"일을 이루지 못한 까닭은 진나라 왕을 사로잡아 위협하여 반드시 약속을 받아내어 태자에게 보답하려 하였기 때문이다."
이때 주위 신하들이 몰려와서 형가를 죽였다.

형가는 의로운 자객이었다. 자객이란 오늘날 '테러리스트'에 해당한다. 그러나 그는 실패한 자객이요 좌절한 역신이 되었다. 그의 원혼冤魂은 구천 어디메 쯤에서 떠돌고 있을 것인가?

11. 실험용 동물의 원한
- 인류 복지라는 미명아래

요즈음 뉴스나 신문을 통해 실험용 쥐의 모습을 아주 쉽게 볼 수 있다. 얼마 전 뉴스에서는 정전으로 실험용 원숭이들이 떼죽음을 당한 사건도 보도된 적이 있었다. 또한 우리나라에서도 코아텍, 오리엔탈바이오 같은 실험용 동물을 전문적으로 생산 판매하는 기업도 생겨나기 시작했다. 전 세계적으로 매년 최소 6억 3천만 마리의 동물들이 실험에 사용되고 있으며, 이 가운데 2억 마리가 사망한다. 우리나라에서도 한 해에 400만 마리 이상의 실험동물들이 사용되고 있다.

명저『동물의 역습』의 저자 마크 롤랜즈는 동물 학대의 참상을 고발하며 자신의 책을 이렇게 끝맺고 있다.

> 동물은 우리를 위해서 고통 받는다. 우리에게 어쩔 수 없이 떠맡겨진 것들뿐만 아니라 우리 스스로 초래한 것들을 위해서 동물은 고통 받는다. 우리가 끊임없이 담배를 피워서 얻은 폐암 때문에 고통 받는다. 우리가 운동을 하지 않아 비만으로 얻은 심장병 때문에 고통 받는다. 우리가 항생제를 마구 여기저기에 무책임하게 사용했기 때문에 고통 받는다.

마지막으로 동물실험의 잔혹성과 관련하여 어느 수의학도의 고백을 소개한다.

황소개구리 같은 경우는 뽀족한 책상 모서리에 머리를 내려쳐서 기절 시킨 후, 척수를 파괴시켜야 되는데 그게 됩니까. 운동신경 실험이라 마취를 하면 안되었거든요. 아무리 내리쳐도 등이나 다리 같은 데가 맞아서 부러지기나 하지 .. 그 작은 부위인 머리는 좀처럼 안 맞더군요... 피만 흘리구요...

마우스는 ... 흔히 경추탈골로 죽이는데요 ... 잘못하는 애들이 하면 정말 생쥐들이 고통스럽지요. 마우스가 입을 벌리고 괴로워하던 장면 땜에 처음 실험하고 나서 1주일 동안 잠 못잤던 기억이 있습니다. 지금은 좀 무뎌지긴 했는데 ...

독성학 시간에는 포르말린을 생쥐 발바닥에 주사해 놓고 붓는 정도 아파하는 정도를 보구요 ... 임신한 쥐들도 실험대상이었습니다. 그러고 나서는 안락사를 시키는데 몇몇 아이들이 경추탈골을 해본답시고 하는데 ... 안 해본 애들이라 쥐들이 너무 아파하더군요.

병리학 시간이 대박이었지요. 농장에서 병든 새끼 돼지가 무료로 옵니다. 개네를 상대로 피뽑는 연습을 하지요. 한 마리가 수백번 피를 뽑힙니다. 주사바늘을 몸에 몇 백번 꼽혀보라고 사람들한테 말하고 싶습니다. 마취도 안 해요. 그냥 시멘트 바닥에 눕혀놓고 목에서 피를 뽑는데 ... 솔직히 잘 안됩니다. 그러다가 새끼돼지들은 지쳐서 죽어갑니다. 나중에 등이 다 까져 있더라구요 ...

조류병학 시간엔 병아리를 대상으로 피뽑는 연습과 안락사 연습을 합니다. 척수를 끊어버리거나 연수를 칼로 그어 죽이는건데요 ... 실험이 끝나고 남은 수십 마리의 병아리들은 이유없이 그냥 죽입니다. 관리할 사람이 부족하고 사료값이 들고 얘네들 커지면 사체처리비가 엄청나기 때문이겠지요 ...

참고 문헌

도전편찬위원회, 『도전』, 서울: 대원출판, 2003.

안운산, 『춘생추살』, 서울: 대원출판, 2006.

———, 『새 시대 새 진리』I-IV, 서울: 대원출판, 2001.

안경전, 『개벽실제상황』, 서울: 대원출판, 2003.

———, 『천지성공』, 서울: 대원출판, 2009.

기준 저, 남현희 편역, 『조선 선비, 일상의 사물들에게 말을 걸다』, 서울: 문자
　　향, 2009.

김진 외, 『한의 학제적 연구』, 서울: 철학과 현실사, 2004.

김탁, 『증산 강일순』, 서울: 한국학술정보, 2006.

다나카, 유키 저 김찬기 역, 『히든 호러』, 서울: 어문각, 2002.

디 브라운 지음, 최준석 옮김, 『나를 운디드니에 묻어다오』, 서울: 청년사
　　1989.

레이 그릭 지음, 김익현 옮김, 『탐욕과 오만의 동물실험』, 서울: 다른세상
　　2005.

마르크 페로 지음, 고선일 옮김, 『식민주의 흑서: 상권 16~21세기 말살에서
　　참회로』, 서울: 소나무 2008.

마사아키, 노다 저 서혜영 역, 『전쟁과 인간』, 서울: 길, 2000.

마크 롤랜즈 지음, 윤영삼 옮김, 『동물의 역습』, 서울: 달팽이 2002.

사마천 지음, 김원중 옮김, 『사기열전』상, 서울: 을유 2002, 468~495쪽.

신승봉, 『난세의 칼』, 서울: 도서출판 선, 2006.

쓰네오, 모리시마 저 조성숙 역, 『마녀사냥』, 서울: 한민시스템, 1997.

에두아르도 갈레나오 지음, 박광순 옮김, 『수탈된 대지』- 라틴아메리카 5백년

"

사, 서울: 범우사, 1988.

오성근, 『마녀사냥의 역사』, 서울: 마크로, 2000.

윤창렬, 『우주변화의 원리 강의』I-II, 증산도대학교, 2002.

이수광, 『조선여인 잔혹사』, 서울: 현문미디어, 2007.

이영자, 『중국여성 잔혹풍속사』, 서울: 에디터, 2003.

이재석, 『인류 원한의 뿌리 단주』, 대전: 상생출판, 2008.

장 코르미에 지음, 김미선 옮김, 『체 게바라 평전』, 서울: 실천문학 1997; 체 게바라 지음, 이산하 엮음, 『체 게바라 시집』, 서울: 노마드북스 2007.

장유유 저 허유영 역, 『황제 배후의 여인』, 서울: 에버리치홀딩스, 2005.

전재경, 『복수와 형벌의 사회사』, 서울: 웅진, 1996.

천이두, 『한의 구조적 연구』, 서울: 문학과 지성사, 1993.

한동석, 『우주변화의 원리』, 서울: 대원출판, 2001.

Fromm, E. 저 유기성 역, 『파괴란 무엇인가』, 서울: 홍성사, 1972.

Halter, H. 저 한윤진 역, 『유언』, 서울: 말글빛냄 2008.

Heissig, W 저 이평래 역, 『몽골의 종교』, 서울: 소나무, 2003.

Jung, C.G. 저 융저작번역위원회편, 『원형과 무의식』, 서울: 솔, 2007.

Levi, P. 저 이현경 역, 『이것이 인간인가』, 서울: 돌베개, 2007.

Kalweit, H, *Die Welt der Shamanen*(샤먼의 세계), Scherz-Verlag Munich, 1984.

  Urheiler, Medizinleute und Shamanen(원초적 구원자, 주술사 그리고 샤먼), Koesler-Verlag Munich, 1987.

Shah, S. 저 이해경 역, 『인체사냥』, 서울: 마티, 2008.

Vitebsky, P. 저 김성례 역, 『샤먼』, 서울: 창해, 2005.

Weatheford, J. 역 정영목 역, 『칭기스칸 잠든 유럽을 깨우다』, 서울: 사계절, 2005.

찾아보기

천하대세를 알아야 성공한다!

당신은 12만9천6백년의 우주년에서
가장 큰일을 할 수 있는 바로 그 시점에 살고 있다

天地의 道
春生秋殺

안운산 지음 | 양장 | 전면 칼라
376쪽 | 말씀 오디오 CD 포함

안운산 말씀
오디오 테이프 10개 세트

상생의 새 문명을 여는 천지대도 말씀

차례 1. 우주는 어떻게 둥글어 가나 | 2. 기존 문화권을 매듭짓고 새 세상을 여신 참하나님, 증산 상제님 | 3. 왜 조상을 섬겨야 하는가 | 4. 신명공사로 새 세상을 여셨다 | 5. 세계 정세는 어떻게 변해 왔나 | 6. 상제님의 도는 어떻게 굽이쳐 왔나 | 7. 태을주로 천하 사람을 살린다 | 8. 지상선경의 새 시대가 열린다 | 9. 우주의 결실은 인간 | 수필부록

인류 통일문명의 놀라운 비전과 대변혁 이야기

이제 인간 삶의 목적과 깨달음,
새롭게 태어나는 내일의 참모습을
속 시원하게 밝혀주는 멋진 새이야기가 시작된다

개벽 실제상황

안경전 지음
크라운판 | 전면 칼라
560쪽